125ライブラリー
003

発掘で探る
縄文の暮らし

中央大学の考古学

小林謙一
Kenichi Kobayashi

中央大学出版部

はじめに

　発掘現場から見る空は青い。私は，今は大学教員として勤めているため，普段は大学で講義をしたり，研究として室内で本を眺めながら考えるようなことしかできないが，本当は現場が大好きで，毎日でも発掘したい。以前は，実際に考古学の発掘現場に関わることを仕事にしていた。そのときは毎日が発掘かその成果をまとめる室内作業だった。学生時代，少なくとも大学院に行ってからは学業イコール現場に近い状況だった。今は発掘ばかりとはいかないので，夏などの大学の休暇期間にだけ，発掘調査をしている。そのたびに，やっぱり現場がいいな，と心から思う。そうした気持ちもあって，発掘現場というと広がる青空をイメージするということはあるだろう。

　実際には当然，青空ばかりではない。終了予定期間が迫っているというのに，雨天で調査に出られずに泣いたこともあるし，台風によって現場に設置したテントが吹っ飛んだり，トレンチに雨が溜まり池になってしまったり，といったことも幾度か経験している。そのときの苦労さえ逆に懐かしいのだが，やはり現場というと明るく楽しく，心躍るイメージが最初に浮かぶ。

　「発掘は3日やったらやめられない」という言葉がある。これは学部の学生のころに先輩からいわれたことであるが，その言葉通り，学部から修士の大学院生のころは（正確には高校生・浪人時代にもかなり染まっていたのだが），少なくとも大学にいるよりも現場にいる時間の方がずっと長かった。もちろん，土の中から昔の人々が手にしていた土器が顔を出すという驚き，数千年たって初めて手にするのが自分であるという喜びが発掘の最大の魅力なの

であるが，それ以上に単純に皆で土を掘ること，そのこと自体が重要なプロジェクトであり，そのプロジェクトを遂行するために皆でがんばるという，いうなれば「うる星やつら」の永遠に続く学園祭のノリが楽しかったのである。こうした発掘現場の楽しさが，私に考古学研究者という道を選ばせたといってもよいように思う。

私は中学生のころから自宅近くの遺跡をめぐり，畑に落ちている土器・石器を表面採集してきた。俗に「考古ボーイ」という類である。ある時は雑誌を通じて知り合った考古学好きのおじさんに案内してもらい，群馬県の赤城山麓の遺跡をめぐり，石棒や石皿を採取して肩が抜けるほど重い荷物をリュックに背負って帰宅した。自宅のあった横浜市内の遺跡では，やはり遺物採取している小学生と競うように遺物を拾った。

採取した遺物を神奈川県立博物館や神奈川県教育委員会・県立埋蔵文化財センター（当時）に持ち込み，神奈川県立博物館神澤勇一学芸員や当時神奈川県埋蔵文化財センターにいた岡本孝之調査員など考古の研究者から考古学のイロハを教えてもらい，赤星直忠さんや甲野勇さん，藤森栄一さんといった考古学者の書く一般書で勉強してきた。また，近所に住む考古学愛好家や高校の郷土史研究会の教師などに引率され，神奈川・東京を中心としたフィールドで行われていた発掘現場に参加してきた。高度経済成長期における遺跡破壊の危機の中で埋蔵文化財行政の妥協の産物として登場した記録保存という名の緊急調査により，1970年代後半から1980年代にかけては多くの発掘調査がおこなわれていた。神奈川県立埋蔵文化財センターという行政による緊急調査の組織，学生として所属した慶應義塾大学民族学考古学研究室が携わ

った調査や，その後の湘南藤沢キャンパスでの新学部建設に伴う神奈川県藤沢市での調査，東京都内での遺跡調査会方式での調査，石川県に移り金沢大学での校地内調査，再び東京に戻ってからの民間組織活用による行革の波に関して増えてきた民間調査組織の調査の手伝い，国立歴史民俗博物館に研究者として雇われてから以降の科学研究費による学術調査としての，福島県井出上ノ原遺跡や神奈川県相模原市大日野原(おおひのはら)遺跡の調査など，縄文時代の集落遺跡を中心に，多くの遺跡発掘調査に関わってきた。

　学術調査を主催するということは，自分の学術目的のために遺跡を破壊するということであって重い責任を負わなくてはならず，以前のように単に現場が楽しいということでは済まされないが，正直にいって発掘は文句なく楽しい。発掘調査があるからこそ，考古学は進歩していく。考古学によって，我々は物質文化による自身のあゆみをたどることができ，歴史の地平を望むことができるのだと信じ，同時に発掘すれば二度ともとに戻らない遺跡の真価を最大限復元することを期しながら，発掘調査をしていくつもりである。本書には，こうした自らの発掘調査の記録を記し，自分のそして中央大学の学術研究の過去，現在，未来をたどることで，今後考古学を志す若い諸君の関心を少しでも多くよび起こしたいと希望する次第である。

　よって，本書は，考古学の概略を少し説明した後，発掘調査の方法を概述する。そのうえで，私が実際におこなってきた発掘調査のいくつかを，写真やイラストを用いつつ，紹介したい。特に，中央大学に赴任してから学術調査として始め，相模原市立博物館や，相模原市教育委員会，藤野公民館などの協力を得ながら，現在も継続している相模原市大日野原遺跡の発掘調査を中心に紹介

したい。
　なお，私は，普段の学術論文では「縄紋」「縄紋土器」「縄紋時代」と「紋」の語を使用し，「文様」と区別しているが，本書では一般的に用いられている「文」の字を使うこととする。特に発表文献や先行研究の引用では「縄紋」を記す場合もあるが，本文の中では，縄文・縄文土器・縄文時代の語句を使用する。

著　　者

目次

はじめに ……………………………………………………………………… i

第1章 考古学を学ぼう …………………………………… 001
第1節 考古学とは何か ……………………………………… 002
第2節 考古学の方法 ………………………………………… 004

第2章 発掘をしよう …………………………………………… 017
第1節 発掘調査の方法
　　　——相模原市大日野原遺跡を例として ………………… 018
第2節 相模原市大日野原遺跡の発掘成果 ………………… 047
第3節 上黒岩岩陰遺跡の調査 ……………………………… 059

第3章 遺跡に探る縄文時代の暮らし ………………… 063
第1節 縄文土器の世界 ……………………………………… 065
第2節 遺跡で見つかる縄文時代の遺構 …………………… 069
第3節 縄文時代の集落 ……………………………………… 079
第4節 縄文時代の生活 ……………………………………… 084
第5節 縄文時代中期の文化 ………………………………… 089

第4章 中央大学の考古学 ………………………………… 103
第1節 中央大学の考古学者たち …………………………… 104
第2節 中央大学の考古学の新しい波
　　　——年代測定研究の成果の利用 ………………………… 111

| おわりに | 133 |
| 参考文献 | 141 |

Illustration(2章,イラストの文章も):小林尚子

写真撮影(特に注記のないもの):著　者

第1章

考古学を学ぼう

昔のことを調べる考古学は，最新の科学技術を用いたり，地道な発掘作業をおこなったりと，先端的な研究と泥臭い研究とが合わさったさまざまな方法がみられる。さらに，実際に土器をつくってみる実験考古学的な手法などまったく異なった視点からの研究も進められている。考古学研究の発達によって，文献が残らない先史から，文献はあっても庶民の暮らしや具体的なことが見えにくかった歴史時代，さらには江戸時代や近現代まで，モノから探る物質文化研究が明らかにするであろう，新しい歴史研究の可能性を示したい。

第1節 考古学とは何か

　日本は考古学が盛んな国の一つである。狭い国土に古くからの居住が重なり，遺跡の密集度が高い。おそらく埋め立て地でない限りは，現在，人が住んでいるところのほとんどの場所には，およそ4万年間の過去の人々の歴史が刻まれている。

　考古学は，日本では歴史学の一分野，補助学と扱われるが，アメリカでは人類学の一分野，特に先住民文化研究（民族学的研究との関連が大きい）の一分野である。特に日本では，理論なき「発見」の学問といわれる。確かに近代における日本での考古学さらには歴史研究の進展を見ると，意図せず見つかったモノ・遺跡で学説や歴史観が180度変わった場合もある。ロマンとして語られるような，考古学の魅力の一つとなっているのである。

　日本では「古代史ブーム」「考古学ブーム」と呼ばれるように，

マスコミによく登場するし、松本清張など人気作家もよく題材に取り上げる。宮沢賢治の『銀河鉄道の夜』には化石を掘っているので本来は地質学者ではないかと思うが、「考古学者」が登場する。現代の国民的人気作家といわれる浦沢直樹の漫画『マスターキートン』は考古学者が主人公であるなど、職業としても馴染みがある。日本の近代考古学は明治時代にお雇い外国人である動物学者のモースによる大森貝塚の発掘に始まるが、江戸時代から木内石亭など博物学的趣味や、国学での天皇陵比定、水戸光圀の古墳発掘など、好古趣味としての萌芽が受け継がれてきた。意識的・無意識的に「日本には昔から日本人がいる」という理解のもと、自分たちのルーツを探る「歴史観」と一体化し、そのうちの「先史・原史時代」すなわち旧石器時代から古墳時代を扱うのが考古学だとされてきた。しかし最近は、歴史時代どころか近世・近現代まで対象とするようになった。近世考古学は、江戸や大坂の近世都市としての実態を、文献に現れない大名屋敷の中での生活の復元や遺物として現れる商品流通の実状から明らかにしてくれる。近代についても産業遺跡や戦跡の調査が、やはり物質文化から近代の歴史を明らかにするという成果を上げつつある。

　考古学は「人類が残した痕跡（例えば、遺物、遺構など）の研究を通し、人類の活動とその変化を研究する学問」だといえる。文献史学だけでは示せない歴史の実体を、物質文化から光を当てることが考古学の目標である。

　考古学を改めて考えると、文化、歴史、学問とは何か、という哲学的問題になる。考古学は虚学であり実学（多額の予算が動き開発行為と表裏の関係で発達したことは否定できない）とも結びつく。歴史学、人類学、民俗学や自然科学の成果を利用するという点で、

さまざまな動物の体が合成しているという伝説上の生き物である鵺(ぬえ)のような学問でありながら、多くの研究者が活躍し、実際に日本列島に現在住む我々が共有しうる歴史観を提起するような研究成果を「発見」として挙げている。考古学とは何か？ときちんと説明することは難しいが、「人類史を物質文化のうえから再構成するための学際領域」と定義することができるだろう。

第2節 考古学の方法

　日本列島の先史時代を特徴づける縄文文化の痕跡が、私たちが学ぶ多摩・武蔵野・相模野の地に多数残っている。このことは、この数十年間での地道な考古学的研究と調査から次第にわかってきたことであり、残されている遺跡の調査と今後の研究によって、さらに明らかになることが期待できる。

　縄文時代草創期、早期、前期、中期、後期、晩期と、縄文時代の人々は、さまざまな痕跡を残してきた。本書でその一部を紹介していきたいが、縄文の遺跡は二つの意味で、私たちに誇るべき歴史を提起してくれる。

　一つは、私たちの先祖である縄文の人たちが、豊かな自然と共生しつつ、時に困難に直面しつつもある面では理想的なスローライフとでもいうべき生活を、この地に開発し実践してきた過去の歴史、もう一つは現代に暮らす私たちが、自分たちの生活を豊かにするための開発行為と折り合いをつけながら、こうした過去の先人たちの足跡を大切に残し、仕方なく破壊されるときにも記録

と記憶に留めるように心がけてきたこと、それを未来に生かすべき資産として大事にしてきた現代の歴史である。

この地に残された縄文文化の足跡を探ることは、日本における縄文文化の始まりとその後の展開を明らかにすることにほかならない。大げさに聞こえるかもしれないが、過去における人々の足跡を残し、その内容を明らかにすることは、私たちの生き方を見つめ直し、これからの未来を担う子供たちへ、何ものにも替えることのできない財産を残すことになるといえるだろう。

考古学の方法としては、まず遺跡・遺物の時間的な整理が必要となる。順番を決める方法として、遺跡などでの層位学的研究と土器などの遺物についての型式学的研究が基本となる。特に型式学的研究は、物質文化の変遷から人間社会の変化を読み取っていくためにも、大きな力を発揮する。

土器型式は、土器の形、成型方法、文様の施文方法と文様モチーフなどによって区分できる、分類単位である。例えば、縄文時代前期後半西関東地方には竹管文と猪の獣面把手などを特徴とする深鉢が分布しており、神奈川県諸磯貝塚の名から諸磯式土器と呼ばれる。時代、時期、地域によって特徴ある土器型式が存在しており、最初に確認された遺跡の名前をとって〇〇式土器と呼ぶ。考古学者は土器型式について、発掘調査により層位的に古い土器型式が下から、新しい土器型式が上から出土することを利用して順番を定めて編年表と呼ばれる相対順序を組み上げている。

1　遺跡とは？

現在、日本では46万箇所の遺跡があるとされる。遺跡の定義

とは？という問いは，東京都埋蔵文化財センターで長く遺跡調査を行ってきた五十嵐彰さんが提起しているが，なかなか難しい問題である。

　考古学では，遺跡を発掘して過去の歴史を復元する材料を探す。遺跡とは，過去の歴史の痕跡が残されている地点のことである。建築物がそのままの形で，または朽ちた状態であっても地上に残っていれば，調査をするのに発掘の必要がないかもしれない（埋まっている部分にも秘密が眠っているので発掘することも多いが）。過去の痕跡としてのみの遺跡すなわち，上部構造がすべて朽ち落ち，大地にうがたれた下部構造（「遺構」と呼ぶ）のみが埋没している場合，過去の道具が土中に包含層としてのみ遺存している場合は，発掘によってその姿を顕わにする必要がある。また，古墳や塚のように，上部構造が残っていてもその中や下に主要部分や知りたい部分が埋まっている場合もある。中世のお墓である地下室などは半ば埋まっていたり入口部だけ埋まっている場合もある。洞窟や岩陰，人為的に掘られた横穴墓や矢倉などが閉塞している場合もあるだろう。

　すべての活動痕跡が残るとは限らないという問題もある。例えば，道である場合，道路状遺構として，石敷きがある，硬化面が残る，両側に溝がある，といった痕跡が線状に続いていれば道として認識できるだろうが，縄文・弥生時代の道が，獣道のような道であった場合，物理的に残っているということは期待できないであろう。理論的に人類活動が残っている可能性のある仮定上の地点を「セツルメント」と呼ぶことにする。そのうち，我々考古学者が具体的に認識できた地点が「遺跡」であるともいえる。

　そもそも我々考古学者が知りたいのは過去の人類活動の内容で

あり，そのために活動痕跡に関わる情報を必要とするのである。直接人間の活動痕跡が残る地点のみが必要となるのではなく，周辺環境を含め把握していくことが必要である。特に，植生，動物相，地形，資源分布，気候変動の情報を得るには，直接人間活動の残らない地点からの情報も，いうまでもなく有意である。遺跡だけにこだわる必要はない。

　遺跡は，過去の人間の活動の痕跡のうち，はっきりと大地を改変した場合だけが認識されるのであり，さらにいえばその改変が顕著な部分のみが認識できるのである。当然ながら，過去の人間の活動の痕跡すべてが残っているわけではなく，理論的には地上のかなりの部分は，意識的・無意識的に過去において人類と関わりをもったであろう。言辞的であるが，文字通り未開の地でない限り，人類が暮らす地は，あまねく地表を覆い，さらに拡大しつつある。一定の領域の中ですべての地点を歩いたということがその地の開発に必要不可欠というわけでもない。後背地という字義通り，周辺の領域を含めて生活の場である。考古学的に相手としていきたいのは，調査の対象とできる空間であり，必ずしも結果的にわかった「遺跡」だけではない。遺跡は，たまたま残っている，または発掘された，既知の人類活動の痕跡のある地区を指す言葉であり，極論すれば調査した地点が「遺跡」である，と考える。これを狭義の「遺跡」とする。しかし，発掘した地点以外でも，地形的特徴や土器の表面採集などにより十分に遺構の存在が予想される地点，過去の活動痕跡が予想される地点，すでに発掘された地点の周辺など，遺跡として仮定できる地点は経験則から比定できる。そうした地点を広義の「遺跡」としておく。

　そうした地点を，遺跡を守る，場合によっては記録保存という

実質的な破壊ではあっても調査による最低限の記録を残すという文化財保護のためのデータ，すなわち埋蔵文化財行政上の必要として，「遺跡」を把握しておく必要があると認める。

ここでは，あくまで「遺跡」を，過去の人間活動のうち顕著な特徴をもつ「遺構」の存在が確認されたか予想される地点（考古学的に有意なデータが採取できると予想される地点）とする。考古学者の立場から決める概念として割り切り，考古学的調査である，発掘調査の対象とする地点として，「遺跡」の言葉を用いることとしたい。

日本では，森林土壌の発達が激しく，土壌が形成されやすい。風成層（風で飛ばされてくる土，大陸から来る黄土など），火山降下物（火山灰，関東地方の赤土は富士山の噴火した火山灰が多く含まれている），洪水層などもあるが，少なくともこの1万年以上の間の土壌である黒土は，人間の活動（野焼きや開墾などを含む）の影響による土壌形成（黒ボク土について焼畑・野焼きなどによる微粒炭が多く含まれるという説が近年出されてきた）もあるとはいわれるが，かなりの部分は森林土壌に由来する，腐植土が黒土となって堆積し，遺跡を覆っている。遺跡自体は土中にあり，遺跡・遺物は埋蔵文化財といわれる。さらに，人間活動が直接生み出した土壌，例えば近世の遺跡である近世都市江戸は，瓦礫層や整地層，「江戸の花」といわれた火事による焼土層が，人為層として堆積している。これも遺跡を覆う土であり，遺跡自体を構成する「遺物包含層」となっている。

それでは遺跡はどうやって見つけるのだろうか？　もちろん，偶然見つかる遺跡もある。例えば，島根県雲南市，昔の国名でいう出雲にある加茂岩倉遺跡は，林道をつくるために開発していた

ときに、重機で山の斜面を掘り崩している途中で銅鐸が顔を出して偶然見つかった遺跡で、発掘の結果1箇所の出土としては最多の39個の銅鐸が埋納された遺構が見つかり、遺跡は国史跡、銅鐸は国宝として保存されている。

多くの場合はすでに遺跡はその存在が知られている。日本の国土、特に現在も人が住み、過去にも人が暮らしやすかった台地上は、土壌の形成が低地に比べ薄く、覆っている土壌が少ない。さらに畑などに利用され、鋤き起こされることで下にある土器や石器が多量に地表に散らばっている。また、道をつくるために切り開かれた切り通しには、遺物が顔を出しており、それによって日本の初めての旧石器遺跡である岩宿遺跡は発見された。さらに畑に落ちている土器などを探す分布調査などを行い、遺跡（行政用語で「周知の遺跡」）は都道府県や市町村など行政組織ごとに遺跡台帳・遺跡地図として登録されている。これはいわば遺跡の戸籍であり、文化財保護法によって、何か土木工事を行う際には工事予定地が役所の文化財の係に届け出され、その地に遺跡がないか前もってチェックする体制が整えられている。

2　発掘とは？

先に見たような遺跡を調査する方法が「発掘」である。正確には遺跡発掘調査という。発掘調査は、考古学的な遺跡の内容を調べ、過去の人類活動を復元するための材料を得る学術的な活動であるが、同時に長く残されてきた人類の共通の宝である遺跡を破壊する行為でもある。遺跡は一度調査という形で掘られたら、二度と同じ形には復元できないからである。もちろん調査の途中で

記録され，何がどのように埋まっていたかを記録のうえで復元することはできるが，それはあくまで現在の技術で過去の情報を得ることができ，かつ写真や図面など2次元またはデジタル技術により3次元的に復元できる範囲での記録しかおこなっていない。ある程度の復元，例えば埋まっていた遺構や遺物の位置関係を模式的に復元することはできるだろう。しかし，現在は土壌の中から微細な遺物，例えば種子など細かな植物遺体や石屑を水洗選別といって土壌を水洗しながらフルイにかけることで取り出すが，その土壌をもとあったように積み直すことはできないから完全な形での遺跡の復元は不可能である。さらに細かいプラントオパールや花粉をすべての土壌から摘出することは物理的にもできない。もとより残留脂肪酸の痕跡など，失ってしまう情報は多い。遺跡は調査せずにその地に残すことができれば，将来さらに科学的な調査方法が発展し，現在掘るよりもさらに多くの有効な情報が取り出せるのではないかと期待することもできる。「遺跡保存」の必要性はここにある。

1 | 発掘の種類

日本では，遺跡やそこに含まれる遺物は埋蔵文化財と呼ばれる。これらはすべて国民共有の財産であり，勝手に掘ることはできないし，勝手に壊してはいけない。すべて文化財保護法によって保護されており，管轄する行政機関（以前はすべて文化庁が扱っていたが，現在は許認可を都道府県が扱う）に許可を得ておこなう必要がある。

❶ 学術発掘

発掘は，その動機や内容によって，いくつかの種類に分類され

る。なぜ調査をすることになったのかという動機の問題で区分すると行政調査と学術調査に分かれる。

　学術調査とは，学術的な研究目的で遺跡を発掘調査することである。人類史的な問題について仮説を立て，それを検証するために遺跡を調査する。縄文の集落が定住的な長期にわたる生活の痕跡なのか，移動的な生活の中で回帰的に幾度も同じ地点が使われて結果的に大規模な形の集落が残るのかを，集落遺跡から細かな情報を採取しながら調査する。そのような目的のもとにおこなわれる調査は，学術調査と呼ばれる。一度調査したところは，発掘のやり直しはできないのであるから，少なくとも全面的に掘ってしまうことは避け，必要最低限の部分に絞った形で発掘し，重要な部分についてはなるべく掘らずに残すことで将来の調査に期待を残すべきである。

　なお，学術調査には，考古学的な課題を検証するための実験としての目的をもつ場合と別に，訓練の場としての学術発掘もある。大学の考古学教育で考古学実習としておこなう発掘がこれである。将来を担う考古学徒諸君に，発掘技術と発掘の方法・目的・調査計画から実践までを，きちんと身につけてもらう必要がある。もっとも，この訓練の場としての調査と，考古学的課題の検証の場としての調査とを兼ねることは，十分に可能だと考える。

❷ 文化財保護法による緊急発掘調査（行政発掘）

　高度経済成長期の日本では年間1万件の発掘調査がおこなわれていたが，学術調査はその1パーセント程度であった。ほとんどは，緊急調査と呼ばれるもので，記録保存と称される調査である。すなわち，遺跡が破壊されることになった場合，例えば高速道路，公共建物，工場，住宅地などの建設により破壊ということになる

場合は，発掘調査をおこなって記録として保存しなくてはならないと，文化財保護法に定まっている。その際は，原因者負担の原則といい，破壊することになった原因をつくった者がその費用を負担する。高速道路は（旧）道路公団，公立の学校であれば都道府県や市町村，工場や宅地であれば民間業者である。個人住宅の場合などは，国庫補助なども利用される。調査自体は，公共事業の場合は都道府県の埋蔵文化財調査センターや市町村の教育委員会がおこなうこともあるが，最近は民間委託が進み，各地に発掘調査専門の民間企業やそれをおこなう土木業者，測量会社が増えてきた。重要な遺跡であれば調査されずに保存されることもあるが，佐賀県吉野ヶ里遺跡はもともと工業団地建設に伴う発掘調査，青森県三内丸山遺跡は県営野球場の建設に伴う発掘調査で，途中であまりにも調査費用がかかるということもあったのかもしれないが，重要な遺跡であるとして，周辺住民や学術団体による保存の要望が効果を得て，遺跡公園として残った例である。結果的には，遺跡による観光効果が抜群で，開発するよりも多くの経済効果を生んだ成功例ともいえる。

　現在は，過去における古き良き時代の発掘，例えば明治時代にあったように人類学会が遠足として行事をおこない，発掘という名のただ遺物集めに貴重な遺跡を掘り下げるような調査をおこなうということはあり得ない。遺跡地を勝手に掘ってはいけないし，たとえ許可を得たとしても，そのような行為は，悪質な遺跡破壊であると非難を浴びる。小規模な学術発掘でもきちんとした体制で記録を残し，報告書を作成する義務がある。また，市民発掘として遺跡地を周辺住民などの力で調査することも，現在においても野尻湖発掘など，きちんとした形でおこなわれている例もある

が、相当の資金を必要とする現在の発掘では難しい。学術発掘は発掘規模も小規模となり、地道な成果は上げられても耳目を集めるような大発見の機会は少ない。逆に、破壊前提の記録保存である行政調査は結果的に多くの貴重な大発見をもたらしている。記録保存という名の緊急発掘は、遺跡保存さえされれば、ない方がよいのである。実際には、特に過去のバブル期などには膨大な資金が調査に当てられ、学術調査では考えられないような資金や調査組織によって、広域の発掘がおこなわれ、重要な遺跡・遺物の発見がおこなわれたほか、集落の全面調査など考古学的にも調査技術の大きな進展が得られた。広域調査によって現代考古学は大きな進展を見たことは間違いなく、緊急発掘は功罪ともに大きいといわざるを得ない。

2 ｜ 規模・方法による発掘の違い

上述の緊急発掘・学術発掘のどちらにせよ、発掘自体にはさまざまな方法がある。特に規模や調査目的・内容によって、分布調査、測量調査、試掘調査、本調査などと段階が分かれている。おおよそ上記の順番でおこなわれることが多いが、測量調査は古墳や洞窟・岩陰遺跡など地表に出ている部分、例えば古墳の墳丘など、上部構造が見えている部分に対しておこなわれる。文化財保護法で規制されるのは、地表下を掘り下げ、遺跡本体を破壊する可能性がある試掘調査・本調査の場合である。

❶ 分布調査

分布調査というのは、地域を歩き回り、地表面の観察で遺跡を発見し、地図上に印して遺跡分布を把握することである。近年では、GPSなどを用い、遺跡の位置を正確にプロットしていく。日

本は腐植土等の発達が早く，多くの遺跡は地中にあるが，農業などにより掘り返されることで地表に土器などが散布していることが多い。よって，台地の上の畑地などを歩いて行くと，特に雨の降った後など土器片や黒曜石製石鏃などの石器，貝殻などが拾えることが多い。こうした遺物の落ちている地点を記録していけば，地下に眠る遺跡の位置をほぼ知ることができる。昔は単に地表で拾うだけでなく，ボーリング棒といって鉄の棒に把手がついた器具を地面に突き刺し，貝塚の貝や配石など石造遺構の礫にガツと当たる感触で遺跡の位置をさらに詳しく調べたが，農地などを荒らすことになるので最近はあまりおこなわれていない。

❷ 測量調査

　例えば，古墳などは墳丘が地表に出ている。貝塚遺跡なども大規模な馬蹄形貝塚などはかなりの貝殻が山をなしているため，地表で観察できる遺跡がある。また山城やチャシなども地表に出ている部分を知ればその構造が把握でき，かなりの歴史的情報を得ることができるだろう。こうした遺跡を地表面で測量し，実測図をつくることを測量調査という。

　また，航空写真などで遺跡の密集地を探ると，知られていなかった遺跡，例えば古墳の壕とか，条里，溝の跡などが判明することもある。航空写真から測量調査を兼ねさせることもできるだろう。こうした遺跡の測量図の集成は，遺跡台帳となりきわめて重要な考古学データとなる。

❸ 試掘調査

　試掘調査とは，まず少し掘って地中の遺跡の状態を探ることである。遺跡を調査するのはプロジェクトであるから，まず調査するための計画，特に予算を立てないといけない。調査期間，調査

に必要な人員や，機材，特に大型の建築土木機器を借りるとなるとレンタルの手配も必要である。遺跡を掘ると大量の排土が発生するが，それをトラックを借りて現場外に運び出すのか，現場の中に排土山をつくって貯めておくのかも考えなくてはならない。出土する遺物の整理や収蔵場所も考えておく必要がある。こうした実務的な面に関わることと，別に学術的な調査計画も練っておく必要がある。その調査の目的，遺跡の性格に応じた研究手段や特に重視するべき考古学的情報の選択など，リサーチデザインをたてておく必要があるが，すべてはその遺跡の性格・内容が最も重要な計画策定のための材料となる。

　遺跡は埋蔵文化財というように，土中に眠っているだけに掘ってみないと全体の規模やどのくらいの量の遺物が眠っているか，まったくわからない。わからないと発掘計画がたてられない。そのため，本格的な調査の前に，遺跡が予想される範囲に，一定間隔で1メートル四方や2メートル幅で数十メートルの長さの試掘トレンチを設定し，遺跡の状態を探るのが試掘調査である。

❹ 本調査

　実際に遺跡を全域，または必要と判断する範囲に調査区を設定して本格的に発掘する。これについては，次章で具体的に見ていくことにしたい。

第2章

発掘をしよう

中央大学には，文学部日本史学専攻の一環として考古学講座があり，発掘調査もおこなわれ，その出土品整理も大学においておこなっている。私が中央大学文学部に赴任した2008（平成20）年より，相模原市の遺跡の発掘を継続的におこなっている。それは相模原市立博物館と共同で，毎年夏に神奈川県相模原市大日野原遺跡で縄文時代中期という約5000年前のムラの跡を発掘するもので，竪穴住居という家の跡を調査している。その遺跡の土器・石器といった出土物や，さらに以前に私が調査した福島県井出上ノ原遺跡の資料の整理作業も中央大学でおこなっている。それらの資料には土偶や石棒，形のわかる土器など，貴重な資料が多く含まれている。調査された遺跡の住居から出土した炭化材を最新の方法で年代測定し，詳しい年代も調べている。本章では主に大日野原遺跡の発掘調査の様子について写真を用いながら紹介したい。

 発掘調査の方法
——相模原市大日野原遺跡を例として

1　発掘の準備

1｜調査計画を設定し，届け出をする

　調査計画，すなわちリサーチデザインの重要性は，前章でも強調した。ここでは改めて学術調査における調査計画について，縄文集落遺跡の調査を主な例として述べておく。その重要性については，「竪穴住居・集落のリサーチデザイン」と題した研究会を開いて議論を行ったこともある。特に学術調査は，本来壊さなく

てもよい遺跡を研究目的で破壊してしまうのであるから、十分に準備し、目的を設定したうえで調査する必要がある。

発掘調査に当たっては、遺跡の所在する都道府県教育委員会に市町村の教育委員会を通して、前もって発掘届けを提出し、許可を受ける必要がある。

相模原市大日野原遺跡の場合は、神奈川県相模原市にあるのであるから、まずは相模原市教育委員会に発掘願いを申請する。相模原市では妥当かどうか検討したうえで問題がないと判断すれば、許認可を審査する神奈川県教育委員会に進達し、許可が出れば相模原市を通じて書類が届く。毎年、中央大学から6月ぐらいに申請を出し、7月に許可を頂いている。

❶ 発掘の準備

次に、発掘に必要な道具について簡単に説明しておきたい。大まかにいって、掘る道具、測量器具、写真撮影・図面作成などの記録するための道具や、遺物の収納や簡単な整理のための道具が必要である。

実は中央大学ではまだ多くの器材を揃えていない。予算を請求しながら、少しずつ買い揃えているところである。そのため、次節で述べる大日野原遺跡の調査では、相模原市教育委員会や調布市など周辺自治体の埋蔵文化財係に協力を頼み、多くの器材を貸してもらっている。

❷ 掘る道具

土を掘るための道具である。地方によって結構違う。おそらく遺跡の包含層の土の硬さや基盤となっている地山によって違うと思われるが、初めて九州へ行ったときにクワで掘っているのを見て驚いた。関東地方は、関東ローム層や黒色土で比較的柔らかく

掘りやすいため，畑での家庭園芸用の道具をイメージすればほぼ間違いない。表土剝ぎの段階では，バックホーやブルドーザーといった土木用重機で行うことがあるし，表土剝ぎ以後の包含層の掘り下げでも行政調査などでの広域の大規模調査などでは，小さなバケットのついたミニユンボや，廃土を捨てるのにベルトコンベヤーやキャリヤカーを日常的に用いることもあるが，大日野原遺跡などは台地のかなり奥まったところに位置し，簡単には重機が上がれないこともあり，今までは人力で掘り下げ・埋め戻しをおこなっている。ここでは人力による道具を中心に紹介しておく。

　掘削の道具は，スコップ（エンピ，カクスコ），遺構の精査に使うジョレン，こまかな掘り下げに使う移植ゴテ，竹ベラ，手バケや，深い穴を掘るのにお玉，中華お玉，小さな穴を掘るスプーンや，土を集め捨てるのに使うテミ，ネコ車（一輪車）などである。測量道具として，測量用の精密器具であるレベル，トランシットや近年使うことが多くなった光波測定器，マニュアルでの測量に使う平板・アリダート・さげ振り（錘(おもり)），レベル用のスタッフ，巻き尺，コンベックスや折り尺，グリッドや遣り方を組むのに木杭（最近はプラスチック製も多いが釘を打つのには木杭がよい），ピンポール，五寸釘やそれを打ち込むカケヤ，カナヅチ，調査区やトレンチを示すのに張るスズランテープや水糸がある。最後に，記録用の道具として，写真にはカメラ，三脚，脚立，レフ板のほか，撮影時の掃除用のほうきやジョウロ，霧噴き，図面用の方眼紙，画板（小学生が写生に使うもの），2Hの鉛筆・消しゴム，カッターが必要である。この他にも，出土遺物のために，竹串，荷札，ビニール袋，マジックインキ（マッキー）は必需品だし，平板測量の際には三角スケールや方眼紙を止めるドラフティングテープが必要である。

掘る道具

ネコ車（一輪の手押し車　農作業用一輪車）

語源由来辞典より
　建築用語で狭い足場をネコが通るような意味で「猫足場」と呼び，そこを通ることができる車なので「ネコ車」「ネコ」と呼ばれるようになった。
ウィキペディアより
　狭いところに入ることができることからきているという説もあれば，また猫のようにゴロゴロと音を立てることに起因するとする説，裏返した姿が猫の丸まっている姿に似ているからとする説もある。

　私が聞いた説は，やはり建築・土木用語で，ネズミと呼ばれる土木作業員さんがひたすら穴を掘ってその土を一輪車に積んで行き，満杯になるとネコ車役の作業員さんが捨てに行くシステムで，ネズミは忙しく，対するネコは待っているだけの楽な労働である，つまり，ネズミという隠語に相対する意味でネコというものであるということであった。
　まぁ，初めて現場に行って作業の説明を受け，次にいきなり「ネコ持ってきて」といわれた時に，「？？　ねこ？　猫？　にゃんこのこと？」となるのはムリもないだろう。

第2章　｜　発掘をしよう　　　021

測量機器

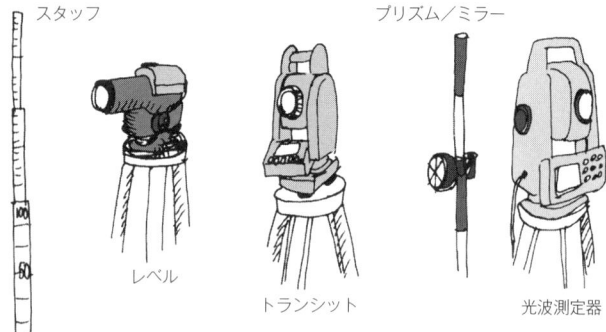

スタッフ　　　　　　　　　　　　　　　　　プリズム／ミラー

レベル　　　トランシット　　　　　　　光波測定器

レベル：標高（高さ）を測る。測量したい地点にスタッフ（目盛りのついた棒）を立て，レベルで覗いて数値を読む。スタッフは重く幅広なものだが，「ばか棒くん」という商品名のものは幅が狭く，軽量で使いやすい。よって，発掘現場では「ばかぼー」愛用者が多い。

トランシット：距離と角度を測る。距離は人間がメジャーで測る。

光波測定器：距離・角度・高さを光で測定する。光波がミラーに反射して値を測定する。データコレクターやパソコンに測定値を取り込み，遺物の取り上げや平面図・断面図作成がおこなえる。ただし，安価なものではないし，アプリケーションソフトも必要。

記録する

野帳（スケッチブックまたはレベルブック）は罫線が格子目のものが使いやすい。
とにかくメモすること。
登呂遺跡の資料館に行くと，昔の研究者の野帳が展示してあり，興味深い。

出土遺物を入れておくプラスチック製の編みカゴや，収納しておくテンバコ，雨の日などに土器洗いをするバケツ，洗浄ブラシ，新聞紙も必要である。雨の後の現場再開のためには，排水のための長柄ヒシャク，ポリバケツやできればポンプがあるとよいであろう。器具の手入れに砥石やタワシも必需品である。

　また，服装などについても書いておこう。個人装備の持ち物と合わせ，現場ファッションも重要である。服装としては長袖・長ズボンに帽子，軍手が必需であるが，男子は頭にタオルを巻くスタイルも多い。女子は日よけを嫌うためかキャディーさんがしているような日よけのついた帽子をかぶることが多い。夏には麦わら帽も人気だ。当然首にはタオルを巻く。また，なぜか女子はカラー軍手をしている人が多いような気がする。男子はサイドポケットのついた作業ズボンをはいたり，ズタ袋をさげる者も多い。女子はポシェットを腰に着けて，自分用の筆記用具やマイ・コンベックスなどを入れている。足下は履き慣れたスニーカーが一番よいが，地下足袋を愛用する人も多い。表土剝ぎなど，足下の危険なときやプレの試掘トレンチを掘るときなどは，足先に鉄板の入った安全靴を履く場合も多い。また，小雨などのときには合羽を着たり長靴を履くが，やはり動きにくくなるので，多少の雨ではずぶ濡れで現場をやることが多いかもしれない。服装も，教員や調査員，学生や作業員で若干異なるし，現場によってもずいぶん違う。埋蔵文化財センターなど行政調査では，ほとんど工事用の作業服だし，都会の現場ではヘルメット着用だったりする。大日野原遺跡では，木陰もない直射日光が当たる現場のため，学生には長袖シャツを用意するように申し渡したのであるが，ベテランの中には確信犯でTシャツなど軽装で作業を通し，真っ赤に日

発掘ファッション

基本の基本は首にタオル

男の子バージョン　　　　女の子バージョン

頭 帽子より頭にタオルが多い？ 汗どめになるし，髪の毛がすっぽり覆えるので，レベル等測量機器を扱うとき髪の毛や帽子のつばがじゃまにならない。

衣服 Tシャツより長袖襟付きシャツの方が日焼けから守ってくれるし，胸ポケットに筆記用具がさせて便利だが，夏場は暑い。すそをズボンに入れないで出しておくと通気性がある。ズボンはジーンズはNG。しゃがむ事がおおいので，ゆとりがあり伸縮性がある作業ズボンが便利，ポケットもおおいので，コンベックスや筆記道具も携帯できる。

靴 安全靴は重作業の時は便利だが，地面が荒れるので遺構調査時は運動靴や地下足袋などが好ましい。

帽子 キャディー帽と呼ばれるつばが広く後頭部から首にかけてひよけ布が垂れている帽子が実用的で良い。キャディーさんや農作業女子用のための帽子で，農協か農作業用品の扱いがあるホームセンター等でしか手に入らなかった。あとは，農協系通販雑誌「家の光」。なぜか，色はピンクと水色の2色系統選択で花柄が多かった。だが最近は，ガーデニングのグッズが増え，この手の帽子もおしゃれなアイテムのものもある。ただし，色はモスグリーン系で通気性もあまり考慮されているとはいえない。キャディーや農作業用のものはメッシュタイプや通気性が考慮されている。そして，昔と違い，無地やチェック柄などがあり，いかにもおばちゃん仕様ではなくなってきている。

ズボン ジャージはやはり作業が楽。ただし，冬場は風が通るので寒い。意外と役立つのが，高校時代の体操服。購入する手間もかからず，もう着ることもないと思っていた服だから汚れても破れても平気！

焼けして火ぶくれのようになっている者も毎年現れるのであるが，怪我をしない程度の軽装であれば，本人の自由に任せている。

2　発掘する

1│調査区を設定する

　いよいよ現地に入って調査開始となるが，いきなり掘り出すのではない。これから出てくる遺構・遺物がどこからどのように出てきたかをきちんと記録できるように，測量するための基準をつくっておく必要がある。基準杭を何本か打ち，その位置を記録しておけばよい。日本全土において，最近は世界測地系といって日本以外の位置とも合わせられるように，国土座標系によって方眼に区切ってある。経度緯度は角度であるが，それを直接距離に置き換えてあると考えればよい。基準杭は国土交通省によって各地に基準点が打たれているので，そこから測量するのがよいが，近年ではGPS測量技術が進み，衛星を用いたGPS測量で求めることもできる。調査区における基準杭は，調査で壊されない（掘り下げてしまわない）ところに最低2箇所（できれば3箇所以上），しっかりした杭を打ち，X軸・Y軸及び標高値の3次元データを記録する必要がある。

　大日野原遺跡の場合は，基準点が台地の麓にあり，台地の上まで測っていけなかったので，GPSを用いて測量調査を行った。

　基準杭が設定できたら，そこからグリッドを設定する。できれば国土座標値に合わせた方眼を組むのが機能的であるが，地形や調査区によっては，それに合わせた方向に振ったラインでの方眼

を組む必要があるかもしれない（遣り方測量）。ごく小規模な調査ではグリッドは組まず，基準杭から平板測量などで記録するだけの場合もある。

グリッドはトランシット，最近では光波測定器によって基準杭から90度，180度と角度を振って等距離に木杭または五寸釘を打っていく。大グリッドを10メートル四方，中グリッドを2メートル四方，小グリッドを1メートル四方などとして，南北方向にアルファベット，東西方向に数値で連番を振り，その組み合わせでA1区，A2区……B1区などと大グリッドを名称づけていく。

2｜表土剝ぎ・掘り下げ

表土剝ぎの段階では，バックホーやブルドーザーといった土木用重機で作業をおこなうこともあるが，大日野原遺跡では最初から手掘りで掘り下げている。

手掘りにも段階があり，まずは遺物が出だすまでは粗く掘り下げるのに，スコップを用いる。これには先が半円形のエンピ（円匙）と先が四角い角スコ（カクスコ）があり，ネコ車（ネコと略して呼ぶことが多い）に入れて土を運ぶ。ネコ車はよく錆ついたりパンクするので，潤滑剤のスプレーや空気入れも必要である。だいたいエンピの刃先半分程度ごとに掘り下げていくので，この10-15センチメートル程度の掘削を「ワンスコ掘り下げ」などという。掘り下げは通常はエンピを用い，トレンチの角など真四角に形を整えるときにカクスコを用いる。また，小さな穴を掘るときなど半分ぐらいの大きさの小スコを使うこともある。トレンチ掘りのときなどは，一人がエンピでさくさく掘っていき，一人は横にネコを少し傾けて待ち，エンピから土を受け貯めて土を運ぶ。この

二人の呼吸は重要である。エンピの掘り方にはコツが必要で、うまく腰を入れて掘らないと掘った跡も美しくないし、疲労も激しくなってしまう。掘った跡がきれいであることは重要で、一度に土がさらえていないと遺物が顔を出していても気がつかない。

　エンピで掘った土をネコや排土の山に投げて飛ばすことを、エンピ投げという。これも年季が入らないとなかなかできない技で、エンピに土が残らないように、また投げた土が散らばらずきれいにエンピの山の形で飛ぶのがよしとされ、スキーのジャンプ競技に喩えて「飛形点がよい」などという。私もエンピ投げの距離はさほどでもないが、飛形点はよく、背後に飛ばすバック投げ（プレの深堀調査の際に役立つ）などは、まだまだ学生には負けない。大

エンピ投げ

　ネコ山（排土の山）の移動や発掘後の埋め戻し時は、一日中エンピ投げというときもある。やはり、慣れと年期がものをいう。エンピ投げをしている所に年輩の発掘関係者が見学などにくると、かならず「あーダメダメ、そんなんじゃダメ」といってエンピ投げの見本を見せる。これは、かなりの確率でやる人が多い。
　かつて、作業員さんの中で左右に投げ分けるワザをもった人がいて、聞くと第2次世界大戦時に塹壕を掘っていたそうで、プロだった。
　イラストにもあるように、スコップの形で土が落下地点まで崩れず飛んでいくのが正しい。

第2章　|　発掘をしよう　　027

日野原遺跡でもエンピ投げでは張り切り，夜には肩が痛くなったものである。

3 │ 包含層精査・遺物取り上げ

　包含層にまで達して遺物が出土しだしたら，移植ゴテで掘り，ジョレンで平らにならしながら掘り下げ，遺物を出しながら遺構を探していく。移植ゴテは園芸用の小さなスコップで，金物屋で売っている薄手の簡単に曲がるようなものが使いやすい。ジョレンは，農家などが使う下草刈り取り用の鍬で，地面を平らに削るができる。ジョレンも下手にかけると地面がガタガタになるだけであるが，腰を入れて柄を持つ手に無駄な力を入れずにすっと引くと，鏡のようにきれいな面ができる。ただし遺物があると一緒に削ってしまう欠点がある。このフレッシュな平坦面で，土坑やピット，溝などがあると土の違いでわかるのである。

　移植ゴテは，手に当たる部分を折り曲げたり，わざと刃先を片減らしして掘りやすいように加工し，個人個人が自分専用に使うことがある。移植ゴテも下手に掘ると手首を痛めるので，手首でスナップをきかせながら，刃先を土に入れると起こすようにして土をめくっていく。掘った土が細かい塊で手前にはねてくるような感覚で，掘った部分はフレッシュな面が見えるようにする。ジョレンで掘るときの排土も同じだが，掘った土には個人ごとにテミと呼ぶモッコのような土入れに入れる。もともとは竹カゴだったが，今はプラスチック製の容器である。これにあまりいっぱいに土を入れると重いし運ぶときに土をこぼすので，2/3程度土を入れて運ぶ。

　移植ゴテには遺物が当たると手触りが確実に伝わるので，壊さ

ないように周辺を掘り下げ，遺物は顔を出す程度で完全に掘り出さない。土器などの場合は，竹ベラや竹串でつつくように掘り，土器に移植ゴテが当たって壊れることを防ぐ。竹ベラは粘土工作の竹ベラのようなものでよいが，それだと少し薄いのでできれば竹を削ってつくった方が使い勝手のよいものができる。

　遺物の出土したところに竹串を刺し，遺物の所在がわかるようにする。1970（昭和45）年ごろは割り箸や木の箸を刺していたが，数が多くもったいないことから誰かが工夫し，焼き鳥用の竹串を使い出した。遺物は取り上げてしまわない，半分埋まった状態にして動かないようにしておくのが鉄則だが，黒曜石片など微細な遺物は，取り上げてビニール袋に入れて竹串に結んで刺しておく。遺物は，埋まったままにして土ごと四角く塔のように残して周りだけ掘り下げていく。もちろん遺物が残ったままにせず，後述する位置の記録をおこなってなるべく早く遺物を取り上げた方が，遺構を確認しやすいが，完形土器などが割れて遺存している場合や，同一の石器がまとまっている場合，遺構の埋土中で廃棄状態を示す場合など遺存状態に意味があるときは，そのまま遺物を残しておき，写真で出土状態を記録したり，微細図といって遺物の形を1/10ぐらいの縮尺で，平面図・断面図（エレベーション）で記録する必要がある。

　ある程度出土遺物が貯まると，遺物取り上げナンバーを記した荷札を竹串に巻いていき，遺物取り上げの準備をする。たいていは，遺物取り上げはチームをなしており，光波測定器で位置を記録しながら取り上げていくが，測定器を覗く役，遺物のところにミラーを置く役，測定した遺物を取り上げ収納していく役に分かれる。

大日野原遺跡では，これまでの私の調査現場でおこなってきたように全点ドットといって，出土物すべての位置情報を記録していく。ただし，爪の先ほどの土器片や石屑（黒曜石のチップや年代測定可能な炭化物はなるべくドットを取る）は，ドットを取らずに一括で小グリッド・層位ごとに取り上げる。ドットを記録する遺物も，光波測定器の情報データに，マニュアルで遺物種類や層位を記録する。現在おこなっている調査では，やや大きい遺物については，1点だけでなく長軸方向の2点や，四方の4点を測定する。また，種類や層位，土器については表を上に向けているか，裏面を上に向けているか，立っているかの遺物遺存状態を記録するため，別に台帳をつくって記入している。そのため，遺物取り上げチームが4人になることもあるが，たいていは先に台帳記録してから遺物取り上げをおこなうことが多い。

　光波測定器は，レーダーのような原理で，光が遺物のところに当てたミラーに反射され返ってくるのを測定して，機器からの距離や角度から水平距離や高さを出し，国土座標値に計算した数値を記録していく。高さは，機械高からの比高差であるが，遺物に直接ミラーを当てているのではなく，棒につけて当てているため，その高さ（ミラー高）を10センチメートルなどと固定しておき計算していく。ときどき遺物のある状況によってミラー高を変えることになるが，そのときちんとデータ入力を変えるようにする。

　なお，遺物の高さは，私はほとんど上面1点で記録している。本来は下面の方，すなわち遺物をどけた後の一番低いところで取った方が，遺物の位置としては意味があると思うが，取り上げた跡では正確な位置がわからなくなることもあるため，あえて上面

で記録している。その方が遺物取り上げの効率もよい。遺物は，遺構に当たるとあっという間に数十の遺物が貯まり，遺物が上がらないと掘り進めることができなくなる。最も遺物が出る竪穴住居の上層部分を掘り下げていく数日間には，1日に1台の光波測定器で500点近い遺物を取り上げることになる。効率的に遺物を上げていかないと，かなり時間が無駄になり肝心な調査ができなくなってしまう。遺物取り上げにおける，正確で間違いが起きにくく，かつ素早いというような効率化は，かなり重要なポイントである。光波測定器自体の性能も重要であり，大日野原遺跡でも2010年度にはミラーを自動追尾する光波測定器を借用し，効率的に測定した。やはり息が合ったテンポのよい遺物取り上げのチームが肝要であり，「次，土器，3層」，「測ります」，「OKでーす」の声が行き交うと，現場にいい意味での活気が生まれるのも不思議なほどである。大日野原遺跡では，研究室OBの永田悠記君が測量会社に勤めており，発掘現場に来て光波測定器での測量や遺物取り上げに活躍してくれるので安心である。

4 | 遺構確認

ここでは，縄文の竪穴住居跡遺構を確認する方法を述べる。平面的に確認する場合と，土層断面から確認する場合がある。平面的に確認とは，比較的広く平面的に掘り下げてきた場合，包含層や遺構面の土の変わり目，例えば地山の直上となる関東ローム層の漸移層の上面などの面で，遺構には上部の土が埋まっているために土の色の違いで判別できるため，そこで遺構のプランを確認する。断面から確認とは，トレンチ調査の場合や，平面発掘でも都会の中にある遺跡ではすでに建っていた近代の建物の基礎や下

水道管などによる攪乱部分を先に掘り上げると、その壁の部分にセクションとして土層の状態が確認でき、遺構があればその立ち上がりが確認できる。攪乱としての跡ではなくとも、工事現場や崖崩れ、昔であれば切り通しの崖面に、竪穴住居や土坑の立ち上がりが見えることは比較的よくあった。私も30年前の学部時代のころは、分布調査などで、旧石器時代の礫群や縄文時代の竪穴住居の断面が見えていたのを観察したことがある。

　大日野原遺跡の場合は、縄文時代の竪穴住居が存在することが、以前の調査によりわかっている。遺構の覆土は黒く柔らかいので、肉眼と土の感触で土の変化しているところ、すなわち穴状になっている遺構の部分が判明でき、その部分を検出していく作業である。基本は、全体をジョレンで精査して、遺構のプラン（平面形）を検出していくが、後世の遺構や攪乱と呼ばれる穴などの断面で遺構を確認することが実際にはよくある。また、遺構からは多量の遺物が出土する例が多いので、遺物が密集して出土する地点は遺構があるということになる。

　しかしながら、大日野原遺跡の場合は、試掘Aトレンチとした台地中央よりの地点など、竪穴住居の数が多すぎて地山よりも遺構の土の方が多く、遺構確認というよりも地山確認が必要な地点もあった。

5 ｜ 遺構調査

　遺構のプランを確認したら、土層観察のためのベルト部分を設定する。ベルトは基本的に十字形に直交した幅30-50センチメートルほどの帯で、住居プランから30-50センチメートルほど離した位置に五寸釘やピンポールを打ち、水糸で囲っておく。また、

住居跡の発見

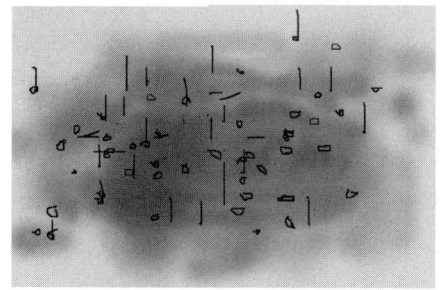

遺構がある部分は土が黒い。
遺物が多量に出土する。
おおよそのプラン（大きさ）を確認。

ジョレンで精査する。
切れる刃のジョレンで土の表面があたかも鏡状になるように，削り取る。
地山と遺構の境を確認する。

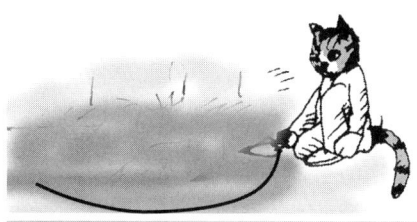

移植ゴテで丹念に精査し，おおよそのプランの線を地面に引く。

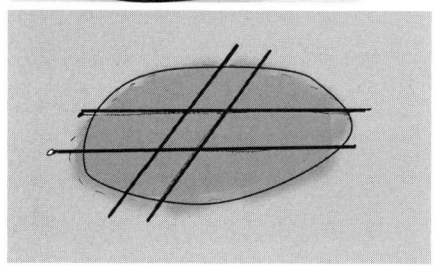

遺構プランを確認。
プランに直交するように，基本は十字形に土壌観察用のベルトを設定する。

第2章 | 発掘をしよう

確認された遺構のプランは，はっきりと線を引いておくか，可能なら運動会で使うような石灰の粉で白く線を引いておくとよい。遺構確認についても写真撮影をしておくと後で状況確認に役に立つこともある。

　遺構のプランの中は，縁の壁際から10センチメートルほど内側から掘り出し，10-15センチメートル程度掘り下がってから，周囲へ向かって掘り進めて壁を出す。できれば，床面まで下がってから周囲へ向かって掘り進め，壁の立ち上がりを確認した方がよい。壁は，土の違いや堅さで見極めるが，特に上部の方は当時またはその後の崩れや動植物の攪乱により，区別が難しくなっていることが多いからである。竪穴住居の場合であれば，まずは床面を目指して掘り下げるが，たいていの場合，覆土（西日本では埋土という）の上層部分に，多くの遺物が出土し，簡単には掘り下げられない。特に縄文の竪穴住居跡では，住居廃絶後の窪地にゴミとして土器や石器などを集中的に廃棄するし，場合によっては火をつけてお祭りをしたり，窪地に集石という蒸焼料理や湯沸かしに使う焼き石を集めた遺構を構築する場合や，お墓をつくったりする場合など，複雑な活動の痕跡を残すので，むやみに掘り進めることは厳禁である。遺物の出方や，焼土・炭化物集中の存在などに十分に注意しながらなるべく平均的に掘り下げていく。1箇所だけ深く掘り下げたり，乱雑に掘ると，そうした過去の行為の痕跡が見つけにくくなるし，いざ何事かが見つかったときに一部は掘りすぎていたということになりかねないからである。

　また，ベルト部分の際は，いつもまっすぐ垂直にきれいに壁をつくりながら掘り下げていくことが重要である。時に鎌やネジリ鎌で断面をきれいに垂直に落としておく。ベルト断面で層位の変

住居の埋没過程

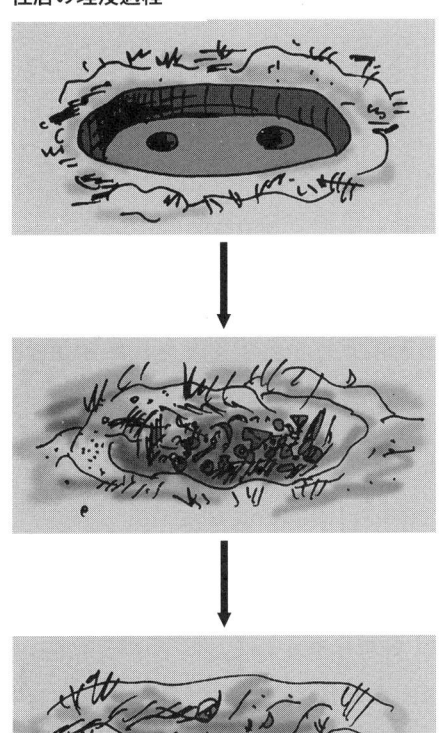

住居の遺棄
柱は抜く場合が多い。

住居跡の窪地をゴミ捨て場に利用
日本の土壌は酸性のため有機物は酸化してしまうので，結果として土器と石（石器）と土で埋まっている。

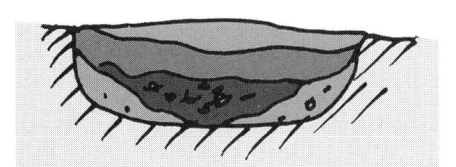

埋没
微窪地となる。

土層断面
穴が埋まっていった様子を埋まった土で観察する。

化を観察し，住居覆土の上層・下層などの違いを観察できるようにしておくためである。このベルト部分は非常に重要なので，間違ってもこのベルトの上を歩いたり，ベルトに腰掛けてはいけない。大日野原遺跡の調査でも，トレンチに沿ってベルトを残していたが，思わずベルトの上を歩いてしまい，崩しかけたこともあった。

6｜調査区測量・レベリング

　調査した跡やその途中の状況は，写真及び図面に記録として残す。竪穴住居の形や深さ，そこから出てきた遺物の位置や状況，住居覆土の堆積状況などである。調査の手順によってその都度記録していく。そうでなければ単に掘って遺物を集める盗掘と同じである。

　断面での土の堆積状況の観察を，セクション観察という。土層ごとに土の溜まり方，埋まり方を，土がしまっているか，堅いか柔らかいか，土壌の密度はどうか，といったマトリックスとなっている土の状態や，包含されている遺物はもちろん，炭化物，焼土粒というような人間の活動の痕跡からくる微細物や小石や礫，砂粒，地山のロームブロック，火山降下物であるスコリア粒，粘土粒などの包含物の内容や大きさ，密度を記録する。土壌の色調については，日本標準土色帖という農林水産省発行の土色を色度・明度で配列された一覧表で対比し，10YR3/4 というように記録する。私は，自分の服装には関心がもてないので着るものの色の取り合わせなどむちゃくちゃらしいが，土の色についてのみは自信があり，土色帖の色も 10YR と 7.5YR の関東でよく使う土色の部分ならば暗記しており，人間土色帖と呼ばれている。また

粒子の混和率などは，パーセント表記で土色帖に図解が載っているので参考にできる。ただし，私が自分の野帳に書いている土層説明（土説）は，字が汚いのと，自分勝手な略号が多い（焼土粒をFR，スコリアをSRとか）。例えば，「1層　10YR3/3　粘性しまりやや大，やや硬い，間隙あり。LB径10-20㎜5％，FR2-3㎜1％，C1-3㎜1％」といった感じで呪文のようである。特に字が汚いうえに殴り書きのため，後で整理するときに困ることがある。以前に調査した際の学生や整理作業員さんの中には，私の土説の解読が私よりもうまい人がいて感心してしまう。

　セクションは，包含層の区分，遺構の確認や遺構の構築・使用・廃絶から埋没の状況を復元するうえで重要である。写真や図面をとり，土層の注記といって土の状況を観察し記載する。図面は，セクション図といい，マニュアルで作図する。レベルという水平を見る機械で水平面の高さを合わせた水糸を張る。壁の両端に釘を打つか，ピンポールを立てる。

　レベルは水球で水平を合わせて設置する。レベルを覗くときにはピントを合わせないといけないが，慣れないとすぐにピントがずれてしまう。スタッフというスケールを立ててその高さをレベルで読むが，スタッフは物差しのように数値が描いてあるのでなく，5ミリごとに四角が書いてあるので数値を読み取るにはコツがいる。まず基準杭にスタッフを立てて，そこからのレベル面までの高さを読み，その数値を基準杭の絶対高に足せば，レベルの絶対高が算出できる。また，スタッフはまっすぐ立てないと正確に測れない。レベルを読む側がスタッフ持ちに，「頭を山側」などと指示して垂直にさせる。数値を計算するとき，通常は，基準杭の高さは海抜でメートル単位，レベルの読み取りはセンチメー

トル単位なので、計算を間違えないようにする。この計算を書くのに使うので、野帳はレベルブックともいうのである。そして逆に水糸を切りのいい高さになるようにスタッフを当てて、レベルで読みながら調整し、水糸を張れるようにする。レベルを読む側が「1センチ下」とか「ちょい上げ」とかスタッフ持ちに指示し、ちょうどいい高さでストップさせて、スタッフ持ちがそこに糸を張れるように鉛筆で印をつけるかピンポールにあらかじめ巻きつけておいた糸をぐりぐり上げ下げする。最後に、水糸を切るが、このときにカッターでなく手で巻いて切れると格好いい。ただし失敗すると手が痛い。

　セクション図は、測り手と書き手が組で書くことが多い。慣れれば一人でもできるが、学生には組になって書くように指導している。測り手は横からの距離は水糸に沿って張っておいたメジャー（巻き尺）を読み、水糸からの深さを垂直にコンベを当てて測る。

　なお、セクションは両端があり、その点をセクションポイントという。どちらかの点が測り始めの点（メジャーを0から張る地点）となる。水糸の高さ（絶対高）と、セクションポイントの名前（方角で呼ぶことが多い。北ならSP.Nとか）を記入することを忘れないようにする。セクションは、ピットや住居の炉、遺物のエレベーションは1/10（トイチという）の縮尺で書くが、セクション図などは、幅が長いので1/20（ニジュウイチという）の縮尺で書く。これは、方眼紙の5センチが実寸の1メートルとなるので、慣れないと混乱する。初心者はトイチの図面から書いた方がよいだろう。なお、他人が描いたセクション図をいろいろと訂正させると、「セクハラ」になるかもしれない。私も、知り合いの調査現場などに行

くと,思わずベルトセクションの土層の線を描き変えたりしてしまう誘惑に駆られることがあり,自重しなくてはと思っている。

平面図は,遣り方測量か平板測量で行う。最近は光波測定器でデジタルで作図することもあるが,基本はマニュアルで書くことから覚えた方がよい。遣り方測量とは,遺構の周囲に1メートルおきに釘を打ち,メッシュのように水糸を張って,コンベで東西・南北の距離を測りながら図面に書くことである。測るべき点に竹串を刺し,そこに錘などを垂らしてきちんと距離を測れるよ

遣り方による測量

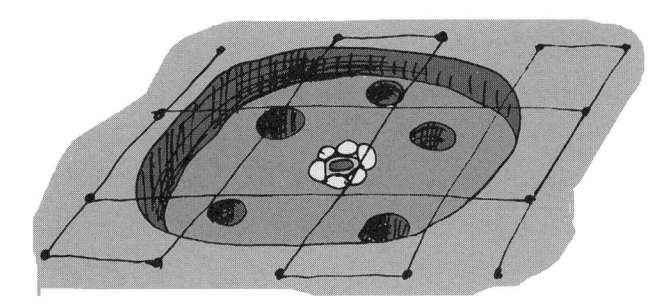

1 or 2 m単位で水糸でメッシュを張り測量する方法。近年は光波測定器で平面図も作成する方法がポピュラーになってきているが,遺物の出土状況や石囲埋甕炉などの細かな肉眼観察が必要な図は機械より人の手による図の方が美しい。

二人一組で削量係と図面記録係でやるのが基本。

うにしたうえで，測り手が直交した糸にそれぞれコンベを直交させ「東へ5センチ，南へ25センチ」などと読む。

平板測量とは，光波測定をマニュアルでやるようなもので，水平に置いた平板に方眼紙を貼り，アリダートという覗き穴がついている照準器で，遺構に当てたピンポールやスタッフ，赤白棒などの目標をねらい，その後メジャーで距離を取って，三角スケールを当てて点を落とし，その点をつないでいく。平板の基準点は，平板ポイントを錘で垂らして地面に打っておき，次の日にも同じ位置に立てられるようにしておく。もちろん方位や見返し点（基準杭など）も図面を設置したときに書いておくことを忘れないようにする。平板は1/20や1/40など，図化範囲が方眼紙に納まるように図の縮尺を選ぶ。これも測り手と書き手の呼吸が大事である。

測量図には，最後にレベリングといって，レベルとスタッフを用いて標高を記録していく。遺構の上場（地表上面側），下場（底

平板による測量

座標位置などに据えて測量する。メッシュを組むのが困難な場所や，大きな遺構を測量するときに使用する。精密度はどうしても低くなるが，手軽なのと座標が不明な段階でも任意の測量点を残してけば後に座標に組み込めるので，測量がまだされていない遺跡の試掘調査や緊急調査では便利。

何分で設置できるか競ったりもする（笑）。

などの一番低いところ）や場合によっては段などの中場，セクションポイント・エレベーションポイント・平板ポイントなどの高さ，そして最後に50センチおきなどにメッシュを組むようにして，地表面のレベルを記載していく。後に地表面など標高のコンタ図を作成するためである。

7 | 写真撮影

　調査するべき範囲の掘り下げと遺構の完掘が終わると，全体の最終的な状態を測量し，写真撮影する。行政発掘など，その遺跡が失われてしまう場合は，旧石器時代など上面からはその存在がわからない下層の遺跡の存在を，試掘坑を掘ることで確認することもある。試掘坑は，遺跡の立地などによるが，関東地方の丘陵部や台地では，最低でも4パーセント，できれば8パーセント程度はあけるべきだろう。平面でいえば，5メートル四方の中グリットとして，2メートル四方の深掘りの試掘坑を入れれば16パーセントの調査となるが，10メートル四方の大グリッドごとに2メートル四方の試掘坑が現実的なところかもしれない。深さとしては，関東ロームでは，相模野など深いところでは4メートル以上の厚さがあるが，安全のため，深さ2メートル以上は垂直には掘ってはいけないことになっている。ただし，大日野原遺跡で行っているような学術調査では，遺跡自体は破壊を前提としていないので，旧石器時代確認用の試掘坑は掘らないこととしている。もっとも，基本層序確認のため，1箇所程度は深掘りを必要とするので，結果的に関東ロームを試掘した。

　最後には全景写真を撮影するとよいが，全体を撮影するためには高いところから撮影する必要があり，タワー（鉄板で組んだ足

場)を建てたり、スカイマスターという空中作業車で高所から全体写真を撮影したい。写真は、35mmまたは現在では一眼レフのデジタルカメラなどを使うことが多いが、できれば大型カメラでの撮影も、写真記録としては望ましい。デジタルよりもやはりフィルムの方が、自然な色合いやピントを残せる。残念ながら、大日野原遺跡では大がかりな器材は台地の上に上げられないため、土嚢袋を積んでつくった足場山から写真を撮影した。

　全体測量は、簡単な小規模な調査では平板で測量することもあるし、ある程度大きな遺跡や遺構が多数複雑に出土したときには、カメラを積んだラジコンヘリや気球などを上げて航空測量をおこなうこともある。光波測定器と専用の遺構調査用のソフトとを組み合わせ、全体測量をおこなうこともある。

8 | 埋め戻し・撤収

　発掘調査が終わると、片づけとなる。学術調査の場合は、普段は畑に使われている場所などを期間を決めて借用するわけであるから、現状に復帰して返さなければならない。特に掘り下げたところに、掘った土を埋め戻してもとの状態にするわけである。大日野原遺跡では、現在の地点を次年度も調査する予定があるので、再び掘り返すことも考え、調査部分に土嚢袋を敷いて掘った場所がわかるようにして埋め戻した。

3　整理する

　野外での調査終了後には、大学において、出てきた土器の水洗、注記や図化作業など、室内作業もおこなわれ、新しい考古学

的成果が見つかってきている。2010年度までの大日野原遺跡の調査結果も，調査をまとめていた院生の矢嶋良多君を中心に，曜日を決めて調査に参加した学生が集まり整理作業をおこなっている。

そもそも発掘調査すれば遺跡の調査研究が終わるわけではない。調査した成果をきちんと取りまとめ，学界や社会全体と広く情報を共有するために，調査報告書として刊行する必要がある。そうしなければ，調査した人だけの成果となり，他の人が利用することができないし，他の遺跡で類似した結果やまたは異なった結果がわかったとしても比較検討することができないということになるからである。

1 | 遺物洗い

出土した土器や石器は，土に埋もれていたので，泥がこびりついている。研究するためには，まずよく汚れを落とす。洗うには，バケツに水を入れ，遺物を1点ずつ手で持ちながら，ブラシで洗う。ブラシは歯ブラシなどでもよい。土器破片の場合は，特に割れ目である断面の泥をよく落とす。ブラシでごしごしと擦るが，あまり力を入れすぎると，土器が割れたり，ボロボロと崩れたりするので注意が必要である。また，時には，赤彩といって酸化鉄やベンガラで赤く塗った土器や，調理のときについたオコゲが残っている土器もあるので，そうした土器はあまり洗わずに簡単に土を落とす程度にする。

洗った土器は新聞紙の上に並べ，日陰で干す。その際，出土位置を書いた荷札（ラベル）と遺物とが離ればなれにならないように，同じ箱に入れて乾かすようにする。

洗い・注記

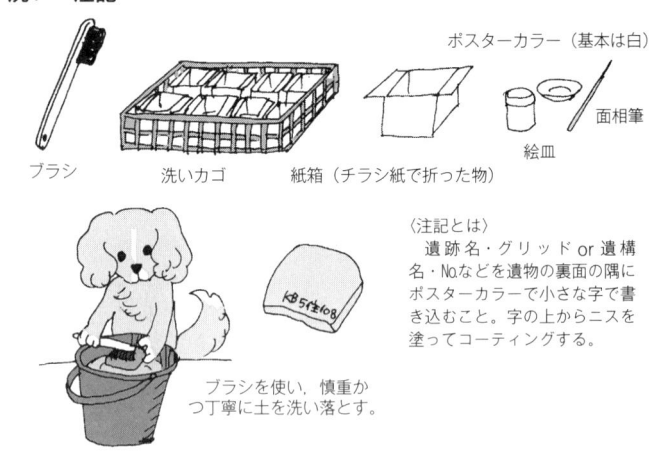

ブラシ　　洗いカゴ　　紙箱（チラシ紙で折った物）

ポスターカラー（基本は白）

絵皿　　面相筆

〈注記とは〉
　遺跡名・グリッド or 遺構名・Noなどを遺物の裏面の隅にポスターカラーで小さな字で書き込むこと。字の上からニスを塗ってコーティングする。

ブラシを使い，慎重かつ丁寧に土を洗い落とす。

2 | 遺物注記

　乾燥した土器や石器に，注記といって，情報を書き込む。情報は，遺跡名（略号で書くことが多い）や，出土位置，遺物番号を書く。面相筆という細い筆を使ってホワイトのポスターカラーで注記する。注記後，しばらく乾かして，ニスをシンナーで薄めた液を絵筆で注記の上から塗り，剥げないようにする。

3 | 遺物実測・写真撮影

　遺物は，他の研究者が研究できるように，図面や写真で示す必要がある。石器や完形の土器，土偶などは，正面図，側面図，断面図などによって図化する。土器片の場合，日本では拓本をとる。拓墨は松ヤニと膠（にかわ）でつくり，脱脂綿を絹布で包んだタンポを

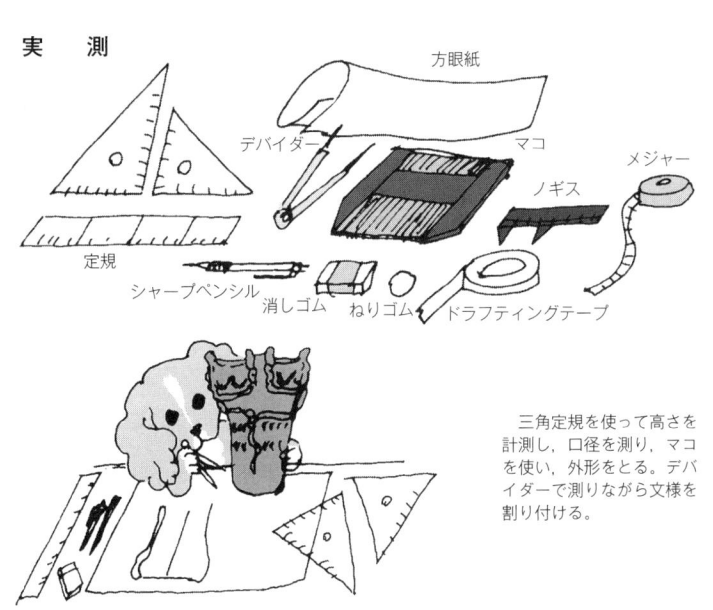

拓　本

拓本用墨
タンポ
ハケ
脱脂綿
画仙紙
画仙紙を土器のサイズに合わせて切る

拓本には乾拓と湿拓がある。

土器には緻密な文様が刻まれているので湿拓で写しとる。

細かい部分は，綿棒や竹串の先端を削った物なども使い丁寧に作業する。

ハケを使って画仙紙を水で濡らし，土器と紙を密着させる。

脱脂綿で中の空気を押し出す。

タンポに墨を付け，上から軽くたたいて拓影をとる。

実　測

方眼紙
デバイダー
マコ
メジャー
ノギス
定規
シャープペンシル
消しゴム
ねりゴム
ドラフティングテープ

三角定規を使って高さを計測し，口径を測り，マコを使い，外形をとる。デバイダーで測りながら文様を割り付ける。

第2章 | 発掘をしよう

用いて紙の上から湿拓をとる。画仙紙という拓本用の中国紙を水で濡らして土器器面に貼りつけ，少し乾いたときにタンポで紙の上から拓墨をたたきつけ，文様を拓影にとるのである。

私は拓本をとるのが好きで，以前に調査した東京都大橋遺跡は縄文時代中期の集落遺跡で多量の土器が出土したため，整理作業では1日に100片ぐらいの拓本をとりつづけたが，毎晩夢にみるほどで非常に楽しかった想い出になっている。

遺物の実測図や拓本の断面図を，ロットリング製図ペンなどを使ってトレースする。拓本と断面図をあわせて図版にし，印刷して報告書に掲載できるようにする。

4 | 遺構図面整理

遺物は上記のように情報化するが，住居などの遺構についても整理して図化する。層位や柱穴など，現地での図面を整理し，必要な情報をより分けて鉛筆でマイラー紙などに写し取って第2原図とする。それを，昔はロットリングや製図ペンでトレースしたが，最近はイラストレータなどのソフトを使って，コンピュータで取り込んでデジタルトレースをおこなうことも増えてきた。

5 | 報告書作成

発掘調査報告書は，調査した年度内に刊行する概要報告書と，ある程度の時間をかけて出土遺物もすべて整理し写真などの図面もとり情報化して提示する本報告とがある。また，別に重要な成果が含まれる場合は，速報として学術誌に一部の成果のみ公開したり，研究論文に提示することもあるが，基本は本報告を刊行することである。刊行する形態は，1冊の刊行物として出版するこ

ともあれば，学術雑誌に報告として掲載することもあるし，近年では電子情報としてPDFのような形でCDやネット上に公開することもある。

　発掘調査をしたら，その成果を広く公開し利用してもらうためにも，必ず調査報告書を刊行しなくてはならないのである。大日野原遺跡の調査成果も，数年調査して一つの地点の成果がまとまり次第，報告書にしていく予定である。次節には，現在までの大日野原遺跡調査成果を，写真などとともに簡単に示しておきたい。

第2節　相模原市大日野原遺跡の発掘成果

　神奈川県相模原市は，2010年春に，津久井町に加え相模湖町と藤野町が合わさって政令指定都市になったが，このうちの旧藤野町は，神奈川県の最北西端，山梨県との県境にある関東山地南端部から丹沢山系にかけて位置する。現在ではダムの建設によって相模湖ができ，中央線や中央高速道路ともつながって，津久井郡など神奈川県との一体感も強いが，この藤野の町が位置する一帯は，実は中世までは，相模・武蔵・甲斐の国境として境界が定まっていない地域が含まれていた。武田信玄は甲斐の国に含むとみなして徴税をおこなったとの記録もある（『藤野町史』）。平成の大合併の当初には，東京都八王子市との合併を希望するなど，現在に至るもその地理的な位置による微妙な関係があるようだ。さらに大日野原遺跡がある沢井地区は，相模湖に注ぐ沢井川をさかのぼった関東山地の陣場山の南麓に当たり，自然が多く残る風光

明媚な地区である。

　相模原市大日野原遺跡では，中央大学の考古学ゼミや考古学研究会の学生・院生を中心に他大学からも参加して学生十数名が，毎年夏休みに綿密な調査をおこなっている。その調査の様子は，CATVテレビ八王子の「知の回廊」(2009年度) でも「縄文の暮らしを探る」として放映された。調査の際には，伝統的な手法による発掘だけでなく，GPSや光波測定器を用いた最新技術での測量や，AMS法による炭素14年代測定，出土した土器の蛍光X線分析による胎土分析もおこなうなど，中央大学ならではの新しい考古学的手法も取り入れた。

1　遺跡概要

　大日野原遺跡は相模原市藤野町沢井に所在する。本遺跡は沢井川の右岸に位置する丘陵上にある。丘陵は南西から東北方向にかけて緩やかな傾斜をもち，縁辺は急激に沢井川へ落ち込んでいる。東西に約490メートル，南北に約310メートルの規模をもち，標高は約250-290メートルである。当丘陵は白亜紀から新生代の小仏層群の古い地層から成り立っており，遺跡周辺には泥岩・頁岩・砂岩が多く見られる。現在，この丘陵全域が農業振興地域に指定されており，平坦部はすべて耕地として利用されている。

　今回の調査区は，現在は休耕中であるが，過去の耕作による攪乱 (俗に「イモ穴」と呼ばれる) が，いたる所に見られる。周辺には嵯峨遺跡など縄文時代及び平安時代と同様の時期に存在したと思われる集落がある。

　過去の主な調査として，1953 (昭和28) 年の立川市立高等学校

社会部による発掘調査，1987（昭和62）年の旧藤野町教育委員会による発掘調査が挙げられる。前者では縄文時代中期と見られる竪穴住居跡が発見され，後者では平安時代の集落の一部と考えられる竪穴住居跡が3基確認されている。ほかにも，耕作中に発見された石棒や土偶装飾付土器をはじめ，多くの遺物が出土している（『藤野町史』）。近年も，土井義夫さんらのグループや，相模原市立博物館ボランティアらによる分布調査がおこなわれている。

1 │ 2008年度の調査

中央大学日本史学専攻考古学ゼミでは，私が文学部に着任した2008（平成20）年の夏からさっそく大日野原遺跡の発掘調査を開始した。その目的は，私の長年の研究テーマである，縄文時代中期の集落研究のための調査である。

縄文時代の炭素14年代測定研究を進め，同時存在居住や集落の定住性に迫るべく，縄文時代の居住期間の研究をおこなう。2008年度調査は，本遺跡で竪穴住居ライフサイクルを明らかにし，年代測定用試料を採取するための予備調査として，縄文遺構の確認を目的としたトレンチ調査をおこなった。

この当該期集落解明のための調査は，お盆明けの8月中旬から約2週間おこなった。残暑の炎天下，また決して快適とはいえないキャンプ場での自炊生活と過酷な状況ながら，学生や相模原市立博物館ボランティアたちの懸命な働きにより予定通り完了し，その後9月以降大学にて内業作業をおこない，年度末には無事概報を発行できた。

2008年度の調査概要は以下の通りである。

本調査では長さ5メートル，幅1メートルの3本のトレンチを

設定し，掘り下げた。拡張区も含め24.2平方メートルのトレンチ調査をおこなった。

・Aトレンチ…縄文時代中期の曽利Ⅲ-Ⅳ式期と思われる1号住居のプランを検出した。トレンチ南側からは縄文時代のピットも確認された。また，北側拡張区からも縄文時代の2号住居のプランを検出した。東側拡張区からは縄文時代の3号住居の周溝を確認することができた。

・Bトレンチ…古代に属すると考えられるピットを1基確認。他の近現代に属すると思われるピット断面より縄文時代の4号住居と考えられるプランを検出し，さらに北側拡張区からその範囲を確認した。

・Cトレンチ…近現代の遺構を確認。縄文時代の遺構は確認できなかった。

　Aトレンチを中心に曽利Ⅳ式期の土器片が多量に出土した。少量ではあるが，勝坂3式期の土器片や打製石斧，石鏃，凹石(くぼみいし)等が出土している。2号住居のプラン確認面からは磨製石斧も検出されている。また，本調査では，古代に属する遺物を発見することはできなかった。Cトレンチでは縄文時代の遺構・遺物は乏しかったので，2008年度の調査ではこれ以上の調査はおこなわないこととした。

2 | 2009年度の調査

　2009（平成21）年度は，2008年度調査を踏まえ，Aトレンチを中心にさらに拡張区を広げ，1号住居の発掘調査をおこなった。Aトレンチの周辺を拡張し，住居の重なり具合（考古学では住居の重複と呼ぶ）を確認した。すると，トレンチで確認した真ん中の1

調査の流れ （特に記していない限り，2009年の調査）

①調査前の準備。GPS測量器具を背負って，側距中。台地の下の国土座標ポイントにて。

②調査前の事前踏査（2008年6月）。遺跡のある台地は獣よけの電気柵で囲われている。

③調査前の大日野原遺跡遠景。畑地に使われている。

④発掘予定地点の草刈り。背の高さよりも高い雑草が一面に生い茂っていた。芝刈り機と鎌，ジョレン鍬を用い半日がかりで草刈りをおこなう。

⑤草刈り終了。いよいよ調査である。組み立て式のテントを市教育委員会より借りた。台地上まで運び上げるのが大変であった。

⑥2008年度のときの最初の試掘トレンチ設定。幅1メートル，長さ5メートルほどのトレンチを3本設定した。

第2章 ｜ 発掘をしよう　　051

⑦まずは2008年度に最後に埋め戻したときの土嚢袋を取り出す。

⑧2009年時のトレンチ設定。2008年度のトレンチに直交するトレンチを設ける。

⑨設定したトレンチの掘り下げ。エンピで表土を掘り下げる。後方では、廃土を積み上げるネコ山をつくっているが、土が崩れないように形を整え、周りを土嚢袋で押さえている。

⑩調査風景。住居の存在が確認されたトレンチAの東西南北に拡張区を設定し、掘り下げる。住居のある付近なので遺物の出土も最初から多く、ジョレンや移植ゴテで包含層を掘り下げている。

⑪Aトレンチ東側拡張区。住居覆土部分を中心に土器や大型の礫が多く顔を出してくる。住居のプランも次第に判明するが、別の住居も切り合っていることがわかってきた。

⑫掘り下げていくとつぎつぎに遺物が出る。竹串を刺してラベルをつけている。近代以降のイモ穴（耕作用の穴）を先に掘り下げると、60センチほど下に床面が確認された。これは別の住居のようだ。

⑬遺物を取り上げるために，光波測定器をセットする。

⑭昼休み。ふもとまで下り，体育館下で弁当を食べる。暑さのせいで，ばてている。

⑮2008年度は雨がかなり降った。雨天の際はキャンプ場で出土遺物の洗浄をおこなう。

⑯2008年度：雨天の中での遺物取り上げ。ビニールシートを敷いているが，一部だけめくってトレンチ内の遺物を光波で測る。

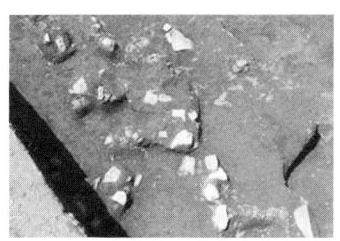

⑰遺物の出土状態。文様のある土器は，曽利Ⅲ式土器などである。

⑱ミーティング：毎日調査終了後に現地で各班ごとに調査状況を説明し，問題意識を共有する。

第2章 | 発掘をしよう　053

⑲写真撮影（2008年度）。

⑳ピットの半裁状況。土の違いで遺構がわかる。半分残して掘り上げ，土の溜まり方を観察する。

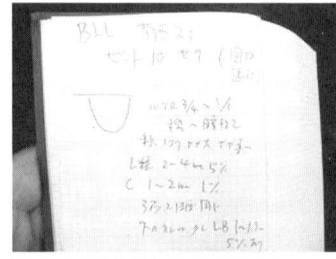

㉑ピットの土層の観察を野帳に書き込む。

㉒年代測定用の炭化物を採取。

㉓周辺住民を対象とした現地説明会（2009年8月12日）。小学生二人が一番のお客さん。

㉔現地説明会で学生が自分の調査担当地点の説明をする。

㉕テントの中の発掘道具。テミや巻き尺，ピンポール，平板の脚，遺物カゴ，土嚢袋など。

㉖2009年度の最終的な測量作業。

㉗最後に調査区の全景写真を撮影。カメラマンは相模原市立博物館学芸員の河本雅人さん。

㉘ベルトセクション：住居の立ち上がり部分である。土の色や堅さで違いがわかる。

㉙測量作業：右側はセクション図，左側は平板による全測図（平面図）作業風景。

㉚平板測量：全体図をつくっている。

第2章 | 発掘をしよう

㉛ベルト部のセクション図を作成しているところ。一人が測り，一人が図化する。

㉜セクション図の土層注記。土の状態，堆積状況，内容物など観察し野帳に記述する。

㉝セクション図図化作業。測り手は横方向に張った巻き尺で水平距離，深さは水平な水糸からの距離をコンベックスで測定する。

㉞レベルで高さを測る。

㉟レベリング。全測図に高さを書き込んでいく。

㊱自然科学分析（2008年度）。熱ルミ用の測定棒を地中に差し込む。放射線量を測定するためである。

㊲最終日:埋めたてのための土嚢袋づくり。土嚢袋に土を入れ,口を縛る。

㊳埋め戻し:土嚢を敷いた上から土をかぶせていく。

㊴最終日(2009年8月14日)。発掘参加者集合写真。

号住居の下にはさらに低い位置に2号住居が存在し,1号住居の東側に3号住居が存在していることが確認された。また,西側に拡張した調査区によって,1号住居の東には5号住居が存在していることと,上に6号住居と仮称した石囲炉らしき存在が確認された。この6号住居は,1号住居覆土中に構築されるため,床面や柱穴については不明瞭であった。これは,武蔵野台地の縄文時代中期後半の集落でよく認められる,平地住居のような掘り込み

のない住居痕跡と考えられる。こうした住居検出の状況を，特に顕著に認められるようになる土器型式時期をとって「加曽利E3面住居」と呼んでいる。

また，Bトレンチの4号住居についても，明確に確認するために，直交する方向にトレンチを設定したが，以前に藤野町が調査した際のトレンチの存在が確認され，4号住居については昨年度確認した床面の範囲の広がりは検討しきれなかった。

3 | 2010年度の調査

2010（平成22）年度は，Aトレンチ拡張区のうちセクション用に残していたベルト部分も取り外し，住居群の確実な把握を目指すとともに，1号住居，2号住居の床面把握を目標とした。その成果は，1号住居，2号住居，3号住居の床面を確認し，さらにそれらの上にのっており掘り込みが認められなかった平地住居的な6号住居の炉や，逆にさらに古いと考えられる5号住居，7号住居など，複雑な住居の建て替えを確認することができた。いくつかの住居の石囲埋甕炉や埋甕，床面埋置土器のほか，住居の上から掘り込まれたお墓の可能性がある土坑なども見つかり，一つの土坑からは，現在の長野県などに当たる中部高地からきたと思われる唐草文系土器と呼ばれる完形の土器が埋設されていた。この地の居住痕跡が現時点で7軒の住居としておおよそ把握されてきたと同時に，なぜこの狭い地点に多くの住居が重なり合うように建てられているのか，それぞれの住居はどのくらいの期間住まわれたのか，建て替えは連続的なのか，同じ居住者の仕業なのかなど，当時の居住活動について，ますます謎が深まったともいえる。こうした謎を追うためにさらに2011年度も発掘をおこなっ

ていく予定である。

第3節 上黒岩岩陰遺跡の調査

　場所は変わって、四国の愛媛県山の中にある上黒岩岩陰遺跡は、縄文時代草創期という、14000年前にさかのぼるより古い時代の縄文遺跡である。ここの周辺地域の調査も地元の久万高原町教育委員会と中央大学の共同研究によっておこなおうとしている。この調査によって、縄文時代の始まりのころ、すなわち土器が発明され、1箇所に次第に定着して住むようになる原始の暮らしも明らかにすることができるだろう。

　上黒岩岩陰遺跡は、縄文の始まりのころを探るために重要な遺跡であることはよく知られている。しかし、正式な報告書が刊行されていなかったために、その実体はなかなかわからなかった。私が中央大学にくる前に所属していた、国立歴史民俗博物館に上黒岩岩陰遺跡の遺物の一部が所蔵されていた関係で、同じく遺物が所蔵されている慶應義塾大学や、久万高原町教育委員会、愛媛県歴史文化博物館の協力を得て、出土遺物の再整理をおこなって報告書を刊行した（『国立歴史民俗博物館研究報告第154集』2009年）。草創期の隆線文土器や有舌尖頭器、石偶、早期の押型文土器など、多くの遺物や食料残滓である動物骨、埋葬されていた人骨の整理により、当時の生活が生き生きとよみがえった。そうした成果については、すでに報告し、一般向けの小冊子（『縄紋文化のはじまり　上黒岩岩陰遺跡』新泉社、2010年）にもまとめたのでここでは詳述し

愛媛県久万高原町上黒岩岩陰遺跡遠景。1961（昭和36）年、江坂輝彌慶應義塾大学助教授（当時）撮影。久万川を望む尾根筋に飛び出ている石灰岩の巨岩の横に、縄文時代草創期から早期の人たちが暮らした跡が残されていた、第2岩陰は写真の右方向の山中中腹に位置する（慶應義塾大学民族学考古学研究室提供）。

ないが、四国山中の縄文時代草創期・早期の生活を開明する試みは、まだまだ続けなくてはならないと考えていた。

2010年の夏休み後半に、久万高原町教育委員会の協力により、上黒岩岩陰遺跡の近くに存在する上黒岩第2岩陰遺跡の発掘を行った。今回の調査は予備的な試掘調査で包含層の確認を主要な目的として行った。そのため、3箇所の試掘坑を掘削し、そのうちの2箇所の試掘坑において土器・石器や当時の食料残滓である可能性がある獣骨が少数だが出土し、縄文時代早期の遺跡が存在することが確認された。岩陰の岩に接するような際の狭い範囲に少量の遺物が残されていることから、近くの上黒岩岩陰遺跡に本拠を定める縄文時代早期の人々から、比較的短期間に少人数の人々が狩猟や植物採集のために滞在した跡ではないかと考える。今後も分布調査などをおこなっていき、周辺のまだ知られていない岩

陰遺跡の発見も期待しつつ，久万川周辺の四国山間部での縄文時代の始まりのころの生活を明らかにしていきたい。

上黒岩岩陰遺跡1次調査風景。1961（昭和36）年，江坂輝彌撮影（應義塾大学民族学考古学研究室提供）。西田栄愛媛大学助教授（当時）と江坂輝彌慶應義塾大学助教授らが5次にわたる発掘調査をおこない，草創期の隆線文土器や石偶，早期の押型文土器を伴う埋葬人骨など多くの発見があった。

中央大学による上黒岩第2岩陰遺跡の発掘調査（2010年8月23―27日）。上黒岩岩陰遺跡の近くにある別の岩陰に，やはり縄文時代早期の遺物が発見されている。中央大学では，上黒岩岩陰遺跡との関係を探るため，久万高原町教育委員会と共同で発掘調査をおこなっている。

上黒岩第 2 岩陰遺跡の発掘調査（2010 年 8 月）。岩陰に直交する方向に試掘坑をあけ，包含層の有無と遺跡の状態を探るために調査をおこなった。年代測定用の炭化物試料や，分析のための土壌サンプルなどを採取した。

第3章

遺跡に探る縄文時代の暮らし

縄文時代とは，どのような時代だろうか？　縄文時代は縄文文化のある時代であり，縄文文化とは，採集狩猟をもっぱらとした人々の文化とされている。縄文土器を用い，土偶という土の人形をもち，貝塚を残した人々の文化ということである。

　この十数年の間に，多くの遺跡の発掘調査や分析方法の進展に伴って，縄文文化の理解は大きく変わりつつある。第1に，日本列島の縄文文化とひと口に言っても，決して一枚岩ではなく，その痕跡からさまざまな人たちがいろいろな暮らしを営んできたことがわかってきた。大きくは日本列島に展開していた先史文化ということで一つのまとまりにくくることもできる。しかし，遺伝子を基にした研究によれば，その出自はいくつかのグループに分かれそうであり，暮らしぶりも獣を追って移動的に暮らす生活から，大規模なムラをつくって定着する暮らし，さらには原初的な農耕をおこなっていた人々まで，多様なあり方が含まれ，文化的には複合体であると理解するべきだと考えるに至りつつある。

　遺跡で出てきた遺物から何がわかるのだろうか？　縄文時代はこれまで考えられてきたよりもずっと古い約15000年前に始まり，約3000年前に九州北西部に水田稲作が伝わる弥生時代の始まりまで，12000年以上も続いた長い時代である。長いだけに，その文化は地域・時期によってかなり異なっている。縄文時代中期には十数軒程度のイエが集まった定着的なムラがつくられ，黒曜石やアスファルト，翡翠(ひすい)などの各地の産物を交易で手に入れながら，現代の目で見てもきわめて芸術的な土器を作成し，豊かな自然環境の中で恵まれた生活を送っていた。

　ここでは，多摩・武蔵野・相模野を中心とした地域について，発掘での成果も用いながら，縄文時代について解説してみたい。

第1節 縄文土器の世界

　國學院大學名誉教授の小林達雄らによれば、最も縄文文化が栄えた縄文時代中期で、沖縄諸島・九州・中四国近畿・北陸・中部東海・関東・南東北・北東北・北海道などの地域に、それぞれに共通した土器型式などに表徴される地域文化が存在し、互いに交易などの交流をおこなっていたと考えられる。縄文土器は、地域時期によりスタイルが異なっており、これを縄文土器型式と呼ぶ。「縄紋学の父」と呼ばれる山内清男により、縄文時代草創期・早期・前期・中期・後期・晩期に6期区分され、さらに土器型式によって細別されて、日本列島全体で300以上の土器型式時期の地域区分と順番づけがされている。これを縄文土器編年という。

　日本における土器の初現は、青森県大平山元Ⅰ遺跡で旧石器時代終わりごろの石器とともに発見された無文土器であり、世界的に見ても最も古い土器ということになる。大平山元Ⅰ遺跡の土器付着物及び同じ層位から出土した炭化物の炭素14年代測定によって、日本列島における土器の発明の実年代がおおよそ16000-15500年の間には求められることが辻誠一郎（東京大学）・中村俊夫（名古屋大学）らの測定により確認されている。その後、私による東京都御殿山遺跡などの草創期の土器付着物・伴出炭化物の測定により、東日本の隆線文土器の出現も約15000年前の氷河期直後の時期にさかのぼることが確実となった。

　日本の土器が世界最古かどうか（シベリアのアムール川流域、中国

南部にもほぼ同時期に土器が出現している）はともかく，東アジア地域が最古の土器の出現地帯であり，かつ氷河期にさかのぼる時期の発明であることは確実である。そもそもなぜ土器がつくられたのか，最初はどうやってつくったのかは大きな謎なのである。カゴに粘土を貼った容器が焼けた，子供が粘土遊びでつくった焼き物がヒントになった，ストーンボイリング用の穴に粘土を貼ったなど，いろいろなことが考えられている。

なお，文様装飾は，隆線文土器における指で加飾された隆線（カゴなどの上端部を模したという意見がある）から，爪先による文様に変化したのちに，縄文原体を土器器面に押圧させた文様装飾が現れる。縄文時代草創期後半段階の押圧縄文土器である。さらに回転施文させた多縄文（たじょうもん）・表裏縄文（ひょうりじょうもん）土器や，軸に撚り紐を巻きつけた原体を回転施文する撚糸文（よりいともん）土器，縄文を模した刻印のある木軸を回転させた押型文土器が，前者は東日本，後者は西日本を中心に広がり，縄文時代早期となる。

その後，縄文土器，すなわち土器器面に縄を回転施文した土器は，日本列島で用いられ続け，列島の先史文化を特徴づける要素として，「縄文時代」という時代名称になっている。ただし，列島の縄文時代の土器がすべて縄文をもっているのではない。縄文土器のはじめのころは縄文がないし，その後も時期・地域によって縄文がつかない土器型式がある。例えば，縄文時代早期後葉の貝殻条痕文土器や，前期末ごろの諸磯（もろいそ）c式土器，中期の狢沢（むじなさわ）式や阿玉台（あたまだい）式土器は，その前後の時期には縄文が多用されているにもかかわらず，その一時期は縄文が用いられない。

さらに，縄文時代晩期以降の西日本では，縄文は用いられなくなる。逆に，東日本では，弥生時代になっても縄文が使われ続け

①勝坂2a式（藤内1式），立川市向郷遺跡出土。口縁部・胴部に横方向の文様帯が積み重なっているような構成をもつ。文様帯の中は三角形を連続させた区画などを呈し，区画内は連続爪形文などの刻むような文様をつけていく。

②勝坂2a式（藤内1式）の文様，立川市向郷遺跡出土。竹ベラ状の工具を押しつけていく連続爪形文が特徴的である。

③勝坂2b式（藤内2式），立川市向郷遺跡出土。胴部のみが残存している。粘土紐による隆線を垂下させて胴部を縦位に区画する「パネル文」と呼ばれる文様区画がされる。

④勝坂2b式（藤内2式），立川市向郷遺跡出土。隆線を渦巻き状に貼りつけている。隆線上には半分にした竹管で刻んでいる。

⑤勝坂2b式（藤内2式），立川市向郷遺跡出土。区画の中央に「三叉文」と呼ばれる三角形の印刻文が見える。

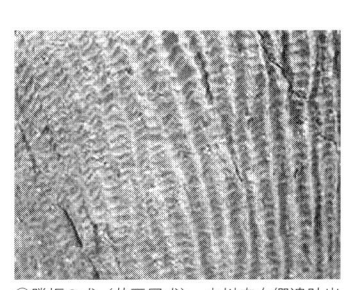

⑥勝坂3式（井戸尻式），立川市向郷遺跡出土。一度に3本以上の撚紐を捉った縄文を回転して施紋している。「多縄文」と呼ばれる。

（①-⑥：撮影は小林，土器は立川市教育委員会所蔵）

第3章 ｜ 遺跡に探る縄文時代の暮らし　　067

る。特に東北北部から北海道にかけては，水田稲作が十分に行き届かなかったため，続縄文時代と呼ぶ。東北南部から関東地方にかけては，水田稲作を行い，弥生時代の生活に移るが，用いる土器は縄文時代の伝統を色濃く残したものを，弥生時代の終わり近くまで長く使い続けるのである。

　ここでたびたび出てくる土器型式とは，考古学の用語である。第1章第2節でも述べたように，考古学の時間のものさしとなる土器型式編年の時間的空間的単位となる重要な概念である。その背景として，ある時期ある地域の社会・文化は似たような文様や形の土器を好んで使うという，流行に根ざした物質文化特有のあり方が存在する。単なる好みというよりも，制作技術に基づく制約から，なんらかの宗教的な規制，慣習による規制があったと考えられる。

　縄文時代前期には植物繊維を粘土に混ぜ込んだ繊維土器（円筒下層式，関山式，黒浜式土器など），中期にはきわめて立体的な装飾を施した顔面把手付き人体文土器（勝坂式）や火炎土器（馬高式），後期には緻密で平面的な文様装飾をもつ磨消縄文土器や黒色磨研土器（加曽利B式土器など），晩期には東北地方を中心に注口土器や台付き鉢，皿などに繊細な文様を彫り込んだ亀ヶ岡式土器などが，時期・地域ごとにスタイルを変えながら分布している。

第2節 遺跡で見つかる縄文時代の遺構

縄文時代の遺跡には、さまざまな遺構が残されている。ここでは、炉穴、集石、落とし穴、住居跡、埋甕、土坑墓、貯蔵穴、貝塚を紹介する。この他にも配石遺構、掘立柱建物跡、ピット群、風倒木痕と考えられるローム土坑や、性格不明の土坑、炭化物集中遺構、遺物集中遺構など、多くの遺構が見つかる。

1 炉　　穴

炉穴は、屋外の調理場跡である。焚き場所と火を焚いた炉部とからなる。縄文時代早期撚糸文期に出現し、早期後半貝殻条痕文土器期に発達する屋外炉である。南九州地方では草創期後半、東海地方の三重県では早期撚糸文期に煙道付炉穴（連結土坑）が見られるが、関東地方では早期後半野島式期からの炉穴が、燃焼部と足場からなる特徴的な形態をもっており、その中には煙道を有するタイプも出現する。南九州・東海地方と関東地方の炉穴・連結土坑の関係はまだはっきりとわかっていない。

関東地方の炉穴は、足場を中心に燃焼部を扇形につくり替えていく重複

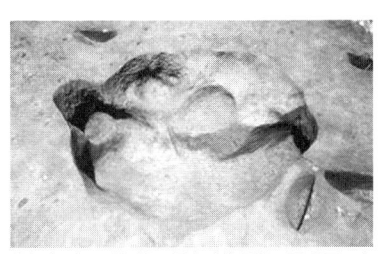

①炉穴（SFC遺跡）。縄文時代早期の調理用の火処（慶應義塾大学提供）。

炉穴群と，足場と燃焼部の位置を交換しながら直線的に延長していく重複炉穴群があり，多数の炉穴が群在する遺跡が認められ，中には環状に炉穴群が残る遺跡もある。神奈川県藤沢市慶應義塾湘南藤沢キャンパス内遺跡（以下，SFC遺跡と略記する）では早期末葉の東海地方上の山式・入海式に伴う炉穴群が環状に配置され，そこに集石遺構や竪穴状遺構が伴う集落が見つかっている。炉穴群の重複の状況から，季節的な作り替えを繰り返していたと考えられ，移動的な生活による反復の結果，重複すると考えられる。

2　集　　　石

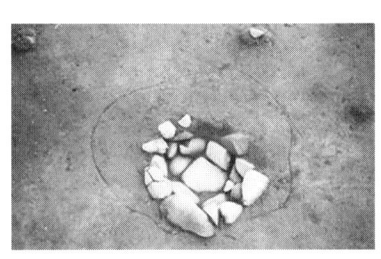

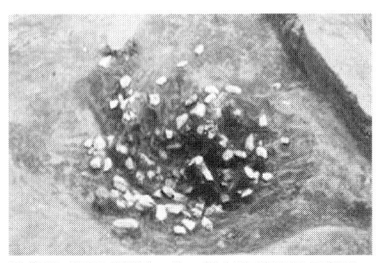

②集石（SFC遺跡）。上：縄文時代早期の集石。完形の礫と箱形に並べた野外炉。下：縄文時代中期の集石。蒸し焼き調理や湯沸かし用の焼礫をつくるために加熱する場所。（上・下とも慶應義塾大学提供）

集石は，平面的に焼けた礫が集積してある遺構（旧石器時代では礫群と呼ぶが縄文時代では集石遺構と呼ぶ），または台地に掘り込んだ穴である土坑内に比較的大きな石が配置された上に焼け石が集中して遺存している遺構（集石土坑と呼ぶこともある）で，調理施設と考えられる。焼けた石の中に葉などに包んだ肉などを入れて蒸して調理するアースオーブンや，煮沸のため

に土器に焼け石を入れるストーンボウイングのための施設が想定できよう。

縄文時代早期には神奈川県SFC遺跡Ⅰ区の例のように，大形の石を組んだ小型の集石が多く，縄文時代前期には掘り込みをもたず単に小礫が散在したような集石遺構が見られ，縄文時代中期には焼けて破砕した小礫が集中する集石土坑が多く見られる。

3　落とし穴

落とし穴と呼ばれる遺構は，縄文時代早期に多く見られる遺構で，平面が長方形または楕円形を呈する深さ1-2メートルほどの土坑で，底面に小ピットを1，または複数もつことが特徴である。東京都多摩ニュータウン遺跡群内で見つかった落とし穴状遺構の底面のピットには，先端は尖っていないが複数束ねた竹が刺されており，イノシシやシカの脚を絡めたり地に脚がとどかないようにするなどして捕らえて外に飛び出ないようにする施設だったと考えられる。特に罠猟の場合は，ところどころに掘った落とし穴を見回りしていくが，獲物が死んでいると腐ることもあるので，できるだけ生きたまま捕らえておくためだろう。

③落とし穴（SFC遺跡）。イノシシやシカを追い込んできた追い込み猟による縄文早期の落とし穴。底面に落ちた動物が足を絡ませて出られなくするための逆茂木状の杭を打ち込んだ小ピットがある（慶應義塾大学提供）。

神奈川県横浜市霧ヶ丘遺跡では，斜面上に落とし穴遺構が列をなして並ん

でおり，集団で追い込み猟がおこなわれたと考えられる。なお，早期以降にも単独の落とし穴遺構は認められ，罠猟の一種として使われ続けたこともわかっている。

4　住居跡

　住居としては竪穴住居が多く建てられている。竪穴住居は，地面を掘りすぼめて半地下式につくった住居である。その上に木材で小屋をつくり，茅を葺くまたは樹皮を貼り，土をかぶせて土屋根にするなどして住居を構築する。日本では縄文時代から平安時代まで，庶民は竪穴住居に住んでいた。竪穴すなわち半地下式の住居なので，冬場は暖かいが夏は湿気が籠もっただろう。日本の遺跡では，上屋はほとんどの場合は朽ちて腐り残らないので，下部の竪穴状に掘り込んだ床面のみが検出されるのである。

　住居の跡は旧石器時代後期から見つかっている。相模原市の台地上に存在する田名向原遺跡は，旧石器時代後期の遺跡で，住居状遺構が検出されている。出土した炭化材を年代測定したところ，おおよそ2万年前の年代であった。

　神奈川県藤沢市SFC遺跡は，谷によって開析された丘陵からなる遺跡群で，その中のⅡ区とした相模川支流の小河川に面した舌状台地の西側平坦面に住居状遺構及び炭化物集中が隆線文土器を伴う形で見つかっている。住居はソフトローム上面に検出されたが，掘り込みはなく，ほぼ平坦であった。中央付近で大形の礫や，土器片，石器が数は少ないながらも明らかに集中して出土した。その付近には5センチメートル程度の窪みがあり，ドーナッツ状に黒色化した部分が認められた。住居中央にやや大形の礫を

配する炭化物集中があり，径6メートルの円環状の形に8本の柱穴がめぐっていた。

住居中央部には炭化物集中部があり炉と考えられ，そのわきにあるやや黒っぽい部分の周りに，中心を向く部分の上面が

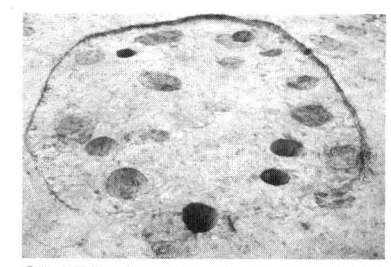

④縄文早期の住居跡（SFC遺跡）。早期後葉ごろの浅い竪穴住居で，炉をもたない（慶應義塾大学提供）。

赤く焼けた礫が水平に遺存していた。その付近には土器片が出土し，その多くは同一個体の土器が割れたものであった。同一の面から打製石斧や有茎尖頭器も出土した。

床面が特に硬化面として検出されたのではないが，遺物の出土がほぼ水平で，その面で柱穴が確認できたため，床面の存在を仮定した。調査では，火を用いた痕跡を探る目的で，残留地磁気測定を行った。残念ながらその結果は，炉の部分だとはっきりわかる被熱した部分は検出できなかった。現地は，慶應義塾大学によって土が盛られ，縄文時代草創期の竪穴状遺構として保存されている。

ほぼ同時期の住居状遺構として，神奈川県藤沢市南鍛冶山遺跡でも2基の遺構が見つかっている。縄文時代草創期前半の住居状遺構では，掘り込みがほとんどなく，この後の草創期後半の押圧縄文・多縄文土器が伴う住居例（静岡県葛原沢Ⅳ遺跡，群馬県西鹿田中島遺跡，栃木県野沢遺跡など）では，明確な掘り込みをもつ竪穴住居が見つかっている。草創期後半にはいったん寒冷化が進むことがわかっており，寒さに対応するために竪穴住居が発達した可能

⑤住居跡（SFC遺跡）。SFC遺跡では縄文中期の小規模なムラが複数発見された。写真はSFCⅠ区6号住居跡（中期後葉加曽利E2式期）。地面を掘り窪めて床面を設けるため、竪穴住居と呼ばれる。中央にある炉は2個体の土器片を並べて炉壁とした土器片囲い炉である（慶應義塾大学提供）。

性があるだろう。

　縄文時代早期の住居に対する年代測定例はまだ多くないが、測定して研究を進めている。神奈川県江ノ島植物園内遺跡では、縄文時代早期撚糸文土器群稲荷台式期の住居跡が検出されており、炉内出土炭化物と出土土器片付着物を測定している。その結果、稲荷台式土器付着物は$9560 \pm 50^{14}CBP$、炉内出土炭化材が$9510 \pm 50^{14}CBP$であった。実年代では、おおよそ11000年前になる。撚糸文段階の住居は、中央に方形の掘り込みがあり、灰を敷いた炉の可能性が指摘されている。方形のプランが多く、主柱穴は見られずに多数の小ピットが床面に残される場合が多い。

　縄文時代前期には、方形のプランが多く、特に前期前半の繊維土器の段階の住居は、壁際に周溝と呼ばれる溝をめぐらすタイプとなり、次第に大きさを広げていく拡張住居が多く見られる。前期後半の諸磯式土器段階には、入口部に埋甕をもつものも現れ、中には1辺が10メートル近い大きな住居も見られる。

　縄文時代中期勝坂式土器段階になると、楕円形・主柱穴が4本柱・5本柱・6本柱というような定型的な形の竪穴住居が増える。住居の中央には「いろり」に当たる炉がつくられるが、多摩丘陵・武蔵野台地の縄文時代中期の炉は、埋甕炉→方・円形石囲炉→石囲埋甕炉・長方形石囲炉のようにタイプが移り変わってい

く。埋甕炉は，炉壁として土器を埋めたもの，石囲炉は燃焼部の周りに礫を並べたもので，石囲炉は中部地方から伝わってきたものである。

　勝坂式土器文化の竪穴式住居は，炉を中央に4本主柱穴の楕円形住居が基本で，炉は，中部地方が石囲炉優勢，多摩地域が埋甕炉優勢，東京湾岸が地床炉優勢と地域差がある。阿玉台式土器文化は，炉を有さず，1または2-3本主柱穴の，円・方形住居が基本である。時期が下るに連れ，次第に勝坂式土器文化の住居形態に類似していき，地床炉を取り入れていく。この変化は，両土器文化の接触により次第に勝坂式土器文化の影響が東に及ぶ傾向と一致する。

　両文化の住居面積を検討すると，西関東地方の勝坂式土器文化では，大規模集落に大・中・小の住居が存在し，周辺の小規模集落は小型住居である。東関東地方の阿玉台文化では，小型住居主体から人口増大に比例して住居を大きくしていく。こうした住居構造の違いは，彼らの住まいに関わる社会のあり方，すなわちセツルメントシステムの違いを反映したものである。中部・西関東の勝坂式土器地域文化では，拠点集落の構成員数は一定のまま人口増加分を分村していくことで生業領域とともに居住域を広げていくセツルメントシステムを，東関東の阿玉台式土器地域文化では集落の構成員数を増大させていきつつ，東京湾岸・利根川，荒川など大河川沿いに生業基地・キャンプサイトを展開させ，漁撈などをおこなう生業域のみを広げていくセツルメントシステムを作り上げていくと考えている。

　縄文時代中期末から後期になると，敷石をもった柄鏡形住居が出現する。

第3章　遺跡に探る縄文時代の暮らし

後期前葉から中葉には，柄鏡形の柄部が短くなっていき，入口部は大きく外に開くような形状をもつようで，入口部ピットがハの字状に配置され，「ヒゲ状ピット」と呼ばれる。主体部も方形のものが多くなり，壁柱穴がまわる。神奈川県の山の中にある宮ヶ瀬遺跡群ではやや大きく掘り込んだ楕円形の竪穴の中に，柄鏡形の敷石住居を構築していた。東京都調布市下石原遺跡の加曽利B1式期と考えられる住居も，「ハ」の字のように外に開く入口部をもつ住居であった。

5　埋　甕

　縄文時代前期後半から中期，後期前葉までは，住居跡の入口部分に土器が埋められていることがあり，屋内埋甕と呼ばれる。さらに中期から後期にかけては，屋外埋甕と呼ばれる，単独の土器埋設も多く見られる。屋内埋甕には，胎盤収納説もあるが，死産児・乳幼児の墓との意見が強い。屋外埋甕も墓すなわち土器棺と考えられるが，小児葬と大人の再葬墓との意見がある。縄文時代中期では，時に集落の中央部に土坑墓と屋外埋甕が設けられることもあり，そうではなく住居の近くに屋外埋甕がつくられることもある。

⑥埋甕（SFC遺跡）。竪穴住居の入口付近や屋外に，底部を丸く抜いた土器が埋められていた。死産児または早世した乳幼児の墓と考えられる（慶應義塾大学提供）。

6　土坑墓

　縄文時代のお墓は，長径100-200センチメートル，短径60-100センチメートルほどの楕円形の平面で，深さ30-50センチメートルほどの土坑が用いられることがある。貝塚遺跡では，土坑の中に屈葬(膝を曲げた状態で埋葬)や伸展葬(まっすぐ寝そべった状態)で葬られた人骨が出土することもある。台地の上の遺跡では骨は残らないため，副葬品として埋められた土器・小形土器や，石鏃，石匙(スクレイパー)など，身につけていた耳飾り・垂れ飾りなど装飾品が残されていることから推測される。

　遺体がよみがえらないようにということであろうと考えられているが，遺体の頭部があったと思われる部分に覆うように鉢形土器が，置かれているような例がある。こうした状況から，土坑墓，すなわち土葬の墓であったと考えられる。私が学生時代に調査に参加した神奈川県横浜市港北区受地だいやま遺跡のD区埋没谷谷頭地点という縄文時代中期集落の外れの土器捨て場にされていた谷部には，浅鉢を伏せて埋設されていた土坑墓などが存在し，墓域がつくられていた。

　また，東京都目黒区大橋遺跡など縄文時代中期の集落遺跡では，ムラの中央の広場といわれるところに，土坑墓が集中して設けられていることがある。縄文時代には住まいの近くに墓をつくっていたようだ。第2章で紹介した大日野原遺跡でも，そのような環状集落構造をとるのか，今後の調査で確認していきたいと考えている。

第3章　遺跡に探る縄文時代の暮らし

7　貯蔵穴

　径1-2メートルほどの楕円形や円形の平面形で深さ100-150センチメートルほどの土坑には，ドングリ・クリなどの種子類を埋めておく貯蔵穴であったものが含まれている。

　神奈川県藤沢市SFC遺跡Ⅱ区1号住居（縄文中期勝坂3式）では，住居内に，長径・深さとも1メートルほどの土坑が掘られていた。この住居は火災住居で，上屋の構築材が炭化材として床面に残されていたが，この土坑の内部にまで炭化材が落ち込んでおり，火災のときに開口していたことがわかった。

　SFC遺跡Ⅰ区の土坑は，屋外の単独の土坑だが，長径・深さとも2メートル近くの大形の土坑で，内部にはぼそぼその土が詰まっていた。集落の周辺部に設けられた越冬などの目的の木の実等の貯蔵穴だったと推定している。

8　貝　　塚

　貝塚は，食料残滓の貝殻を廃棄したゴミ捨て場で，貝殻以外にも魚骨・獣骨や土器・石器などが廃棄されて山をなしている。小規模なものは住居覆土内すなわち，廃絶した住居の窪地に貝層が残されたり，さらに小さな規模では土坑やピット内に貝層が残されている場合がある。さらに埋葬された人間やイヌの骨が残されていることもあり，葬送の場であったこともわかっている。モノ送りなどの儀礼の可能性も含め，単なるゴミ捨て場ではなかった，お祭りの場でもあったと考えられる。

　私が学生時代に調査に参加した東京都港区伊皿子貝塚は，縄文

時代後期前葉の貝塚であるが、土器出土量も少なく居住の痕跡も少ない。同時期の千葉県にある貝塚群と比べ、特に土器の出土量では比べものにならないほどの少なさで、例えば貝採取のための生業基地であって、千葉県の東京湾岸沿いの貝塚遺跡から出張してきた小集団が、貝を採取しムキ貝などに加工し貝殻だけを残したような可能性も考えられる遺跡であった。

第3節 縄文時代の集落

　竪穴住居・集落の継続期間を、炭素14年代測定を利用して実年代で検討していくことで、不明な点の多かった縄文時代のムラについて、次第に様子が伺えるようになってきた。年代測定の結果を見ると、関東地方の縄文時代中期の集落では、約300年以上は継続していると考えられる集落が多い。当時の集落、すなわちムラは、一時期に数軒から十数軒程度の竪穴住居が環状を呈するように並び、中央には墓穴が設けられ、周囲には調理施設や不要品の廃棄場が設けられていた。

　ここでは、神奈川県藤沢市湘南藤沢キャンパス内遺跡（以下、SFCと略記）を例に、縄文時代中期の小規模な集落の一例を、特に年代測定による実時間の推定をまじえながら紹介する。

　SFC遺跡は、多摩丘陵南端の高座丘陵に位置する。慶應義塾大学の新学部設置のため、緊急発掘調査された。合計13万平方メートルが対象地域であり、発掘調査では、Ⅰ区、Ⅱ区、Ⅲ区、Ⅴ区とした調査地点から縄文時代中期の居住痕跡が検出されている。

Ⅰ区は，SFC遺跡中央の開析谷を望む標高35メートルを測る舌状台地上の集落遺跡で，勝坂3式古期の住居跡4基（SFCⅠ区C1集落と称する）と加曽利E3式期の住居跡1基（SFCⅠ区C2集落と称する）とが存在する。前者は2期にわたる小規模集落，後者は単期の単独住居である。

　Ⅱ区は，相模川支流の小出川を望む標高34メートルを測る舌状台地南部に存在する勝坂3式新期の住居跡4基が認められる，2期にわたる小規模集落である。すなわち，SFCⅠ区集落とⅡ区集落は，谷を隔てて約260メートルほどに対峙する住居跡4基ずつ（同時存在は住居1-2軒程度）の同規模のセツルメントで，土器から見るとともに勝坂3式に属し，Ⅰ区集落は勝坂3式前半，Ⅱ区集落は勝坂3式後半と連続している。

　遺構群を，細別時期（フェイズ）ごとに遺構群をまとめてみると，SFCⅠ区集落のフェイズ1・2は，土器型式では勝坂3式古段階に属するが，一部に縦区画系の土器も出土する（2号住居出土土器など）ことから勝坂2式期新段階に始まる可能性もある，竪穴住居跡3基程度の小規模集落の最初の段階ということになる。ただし，最初の段階は1・2号集石など，集石遺構のみが営まれ，その後に1・2号住居などの居住活動が展開した可能性が高い。

　SFCⅠ区集落の炭素14年代は$4490±40〜4430±40^{14}CBP$に，SFCⅡ区集落は$4370±40〜4280±40^{14}CBP$に集中する。遺物の接合状況から同時に存在した遺構について，較正年代で重なる時間幅を見ると，Ⅰ区集落は3130〜3080cal BC（確率的には3300cal BCごろからであるが3150cal BCごろ以前は勝坂2b式期と推定されⅠ区に出土しないため除外する），Ⅱ区集落は3010〜2900cal BCの時間を中心に居住され，住居は時期的に重複しない（Ⅰ区の7号集石はⅡ区

①南多摩丘陵の南端部に当たる高座丘陵に位置する湘南藤沢キャンパス内遺跡では，地点によって旧石器時代，縄文時代，弥生時代，さらに近現代までの生活の痕跡が検出された。写真は赤土と呼ばれる関東ローム層の中に残されていた約3万―2万年前の旧石器時代の石器をつくった跡（遺物集中）を調査しているところ。

②SFC遺跡からは貴重な縄文時代草創期の住居の跡が発見された（本章2節4参照）。定住生活の始まりのころのあり方を示す重要な遺構である。住居の中の炉の位置を探すため，古地磁気測定をおこなった。熱を受けるとその時点での地磁気の方向が特定の鉱物に記録されるのを検出するための分析である（辻真人撮影）。

第3章 ｜ 遺跡に探る縄文時代の暮らし　　081

集落に重なる時期であり、Ⅰ区での居住に伴わず、Ⅱ区集落に移ってから改めて構築されたと捉えられる)。すなわち、短期的な居住の後、Ⅰ区からⅡ区へ移住した可能性が高いということである。また、遺跡調査の際には、土器の連続性や集落規模が類似することから見て、Ⅰ区集落からⅡ区集落へ連続的に移動したと考えたが、年代測定の結果から考えると、Ⅰ区集落は3130〜3080cal BCの50年間にわたり1軒〜最大3軒の住居が構築され、Ⅱ区集落は3010〜2900cal BCの110年間にわたり1軒〜最大3軒の住居が居住されたセツルメントで、Ⅰ区集落とⅡ区集落の居住の間には、70年間程度のブランクが存在することが考えられる。住居の形態や土器のあり方から、居住者に系統的な関連性があるとしても、SFC遺跡の位置する台地上の狭い地域の中で完結する移動を行っていたのではなく、周辺地域を含めて数十年で拠点を移動していたか、または近隣に母集落（5キロメートルほど離れて中期大集落である岡田団地遺跡が存在する）があって、そこから特定の時期にそれぞれ分村された可能性が考えられる。

　湘南藤沢キャンパス内遺跡以外でも、近隣には、この時期の小規模なキャンプサイトのような集落が点在している。例えば、藤沢市石川山田B遺跡には勝坂3式期の住居跡2基、藤沢市石川遺跡には同時期の1基、藤沢市今田殿窪遺跡でも同じく1基が検出されている。このような小規模集落からも当時の暮らしの一端が示されており、非常に興味深い。

　また、SFC遺跡Ⅰ区の住居配置を見ると、住居は直線的に配置している。しかし遺物分布図を見ると、土器・礫の分布とも住居の外側に環状をなすように取り巻く形で分布しているのである。これは、より大規模ないわゆる環状集落（時期的に重複した結果、住

③草創期の住居は十分な調査の後、遺構のある地点は現地に盛土で保存され、遺構面は樹脂によって型どりされた。写真は、固めた樹脂を剝がし取っているところ。

④草創期住居造形保存のための樹脂型どりの外枠とするために石膏を流し込んでいるところ。

(①-④：慶應義塾大学提供)

居が環状に並んでいる集落)の遺物分布と同じである。このことから、縄文時代中期の特徴といわれる環状集落は、一時期として見ていくと数軒の住居が直線的に並ぶような形のムラであるが、その周りに土器・石器づくりや集石を用いた調理・分配、モノの廃

棄などの諸活動の場所が円をなすような範囲で行われており，時期的に累積していた結果，住居もその活動域に合わせて建て替えていったために，最終的に環状の形をなすと理解できる。

第4節 縄文時代の生活

縄文時代はじめの草創期（約15500-11500年前）の遺跡には長崎県福井洞穴，泉福寺(せんぷくじ)洞穴，愛媛県上黒岩岩陰遺跡などのように，洞窟や岩陰に残されている遺跡も多く発見されており，移動的な生活形態が色濃かったと考えられる。

縄文時代草創期の住居はあまり見つかっていないが，前述のSFC遺跡では簡単な構造ながら径6メートルほどの大きさのテント状の住居の跡が検出されており，貴重な発見であったため，遺構を樹脂型どりで造形保存した上に現地も破壊せずに盛土して保存している。台地の上に一定の期間住むようになったことがわかる。

縄文時代草創期から早期（約11500-7000年前）の土器は，底が尖底と呼ばれる尖った形をしており，そのまま地面に置くことはできない。地面を掘り窪めて据えることで安定させたと考えられる。草創期には住居の跡も少なく，1箇所に留まるとしても季節的または数年程度の居住期間で，比較的移動性の高い生活を送っていた。縄文時代早期になると，神奈川県夏島貝塚など，貝殻を多量に廃棄した貝塚が作られているので，1箇所に定着して海産物を採取し生活していたと考えられる。また，植物質食料加工用と考えられる磨石や台石・石皿が多量に使われるなど，旧石器時

代〜縄文時代草創期に比べると，周辺地域の動植物資源を複合的に利用していくことに重点を置くようになり，定着性を強めた生活形態だったと考えられる。

府中市武蔵台遺跡などでは早期の大きな集落も見つかっているが，前に見たSFC遺跡などによれば一時期の住居跡の数もその後の前期以降の集落に比べれば多くはなく，1箇所に留まるとしても季節的または数年程度の居住期間で，比較的移動性の高い生活を送っていたと考えられる。早期後半にも住居の数は少なく，代わりに炉穴と呼ばれる屋外炉が多数残される。多くの炉穴が折り重なるように連続的につくり直されており，季節ごとに調理用の穴をつくり替えた，または移動し回帰してくるごとに炉穴をつくり直したためだと考えている。縄文時代早期から前期は，縄文海進期と呼ばれ，現在と比べ平均気温で2度ほど暖かく，海水面が上昇していた。関東地方では，栃木県藤岡市まで貝塚が残されている。入り組んだ地形の中に豊かな生態環境があり，海の幸，山の幸に恵まれた安定した暮らしを営んでいただろう。

縄文時代前期以降には，各地に定住集落が営まれるようになった。南西関東地方では，地域ごとに同じ土器型式を用いる集団が，生業や居住の様式を異にしながらも，資源の交換を行いながら共存していた様子が認められる。関東地方の西側の地域に勝坂式，東側の地域に阿玉台式が分布するが，中間の東京湾西岸付近から大宮大地を東西二つの土器文化の接触地帯として見ると，東側で阿玉台式・西側で勝坂式土器群が主体となる地域文化があり，中間の接触地帯に1割程度の両方の特徴が混ざった折衷土器が用いられることが見てとれる。住居の形，炉のあり方も両文化で異なり，勝坂式土器文化では，中心に炉をもち，4-5本柱の楕

円形竪穴住居が基本で，炉も地床炉→埋甕炉→石囲炉と変化しつつ，中部地方は石囲炉中心，西関東地方は埋甕炉中心という差異が見られる。阿玉台式土器文化では，住居内に炉をもたず，柱穴をもたないか中央主柱穴配置の，円形・方形の竪穴住居が基本である。阿玉台式土器文化の住居は，次第に勝坂文化から地床炉を採り入れ，4本柱配置を呈するように変化する。勝坂式土器文化は，植物質食料の採集を主とし，小規模なムラを河川沿いに分村していくのに対し，阿玉台式土器文化は網漁による海洋資源依存型の生業で，東関東に貝塚を伴うような比較的大規模なムラを維持し，西関東に生業活動の基地としてキャンプを設営していくことで勝坂式土器の集団と接触をもっていくのである。

長期にわたる定着的な集落の維持には，千葉県加曽利貝塚，東京都大森貝塚の貝塚形成に認められるように，海産物の利用が生業の大きな部分を占めている。同時に豊かな森林を背景とした植物資源の利用が大きかったのであろう。例えば，福井県鳥浜貝塚では日本では自生しないヒョウタン製の容器が使われている。また，青森県三内丸山遺跡（縄文時代前期から中期，おおよそ6000-4500年前に存在）では大粒のクリが多く出土し，佐藤洋一郎（総合地球科学研究所）がDNAを調べたところ，野生種に比べ遺伝子の配列に共通する部分が大きかったことから，よく実がつく樹木を残すなど栗管理栽培が行われていたと推測している。

縄文時代における焼畑・畑作などの農耕の可能性も指摘されている。中部地方の縄文時代中期について故・藤森栄一（長野県の在野考古学者）らが「縄文農耕論」，また九州地方の縄文時代晩期について故・賀川光夫（別府大学）らが「晩期農耕論」として，焼畑などの畑作によりアワ・ヒエなどの雑穀栽培が行われていた

とする説も唱えてきた。岡山県の遺跡の調査でも植物珪酸体（ガラス質の化石）であるイネ科植物のプラントオパールを検出して縄文時代のコメの存在を立証しようとし、打製石斧や石匙と呼ばれる柄つきスクレイパーを、農耕具の可能性がある石鍬や草刈りの石器と考えるなど、状況証拠から農耕の存在を検討している研究者が他にもいる。また、縄文時代後期以降には、九州地方の縄文土器にはコメまたはコメに関わるコクゾウムシなどの昆虫の跡が残されていることが、土器器面の痕跡をレプリカ法によって観察することで、山崎純男（もと福岡市教育委員会）や小畑弘己（熊本大学）により確認されるようになってきたのである。

　少なくともクリや漆など有益な植物を管理し、ヤマイモやニワトコ、ワラビなど有用植物繁茂地を保護するなど半栽培（園耕ともいう）的な植物管理技術が存在した可能性は高いことなど、高度な植物利用体系があったことが推測されており、次の弥生時代における水田稲作技術の中国大陸からの伝播を受容する基盤を作っていたと評価できる。

　縄文時代は、早期末葉の喜界アカホヤ火山灰（約7300年前）に代表される火山噴火や局所的な気候変動に悩まされながらも、多湿な温帯気候である日本列島の豊かな自然に恵まれ、高い文化と社会組織を発達させていったと考えられる。

　青森県にある三内丸山遺跡は縄文時代前期から中期にかけて、間に断続を挟む可能性はあるものの、1000年以上の間、ムラが営まれ続けた地である。ここでは、ムラの中央の土器を埋めた墓穴群の周囲に、大規模に土を盛り上げた「盛土遺構」がある。このような縄文人の土木工事の跡は、中後期の遺跡から続々と見つかっており、縄文人がかなりの数の労働力を集中できるような社

会組織を築いていたことが指摘されるようになってきた。縄文時代後期以降には，奴隷を使っていた可能性も指摘されている。クリの管理栽培や雑穀類の栽培の可能性も高く，豊かな社会を築いていたことは間違いない。こうした余裕ある社会として，装飾性豊かな縄文土器や土偶などの芸術を生み出していったといえるであろう。

　そうした豊かさの現れに漆工芸が挙げられる。北海道函館市垣ノ島B遺跡の墓穴からは，縄文時代早期前葉（約1万年前）の土器に伴った漆製品が出土している。縄文時代前期はじめ（約8600年前）ごろには，島根県夫手遺跡から，生漆を赤色顔料と混ぜるための容器（パレット）用の小型土器が見つかっており，漆技術が確立していたことがわかる。これは，中国大陸よりも出現時期が早い可能性がある。その後も朱漆と素黒の漆による漆塗土器や，藍胎漆器，漆塗飾弓など，優美な漆文化が続く。新潟県青田遺跡などで見つかっている赤漆塗糸玉は，柔らかい状態の漆が塗られた糸が巻かれるなど，現代でも容易に復元できない高い技術を誇っている。

　また，新潟県分谷地A遺跡では，高度な木工技術で薄手に刳り貫かれた把手付き容器を赤色と黒色の漆で装飾した木胎漆器が出土している。中にはニワトコなどの種実が残されていたことから果実酒または薬湯の容器だったと考えられる。石川県中屋サワ遺跡の竹ひごを組んだ籠を漆で塗り重ねた藍胎漆器は，同じ薄さの容器を現代の技術で復元することはかなりの困難が伴うといわれている。青森県八戸市是川遺跡の飾弓も，埼玉県桶川市後谷遺跡の漆塗櫛も，現代でも工芸品として十分以上に通用するものである。

このように縄文時代には高度な加工技術が存在したが、弥生時代には漆工芸は盛んではなくなり、糸玉や藍胎漆器などの高度な技法は失われてしまっている。

　大陸のものと形状が類似する玦状耳飾りなど少数の事例を除くと、縄文時代はいわば孤絶した地理的・文化的環境の中で、長期にわたり安定した社会を営んできた文化と評価されている。もっともその内容は、上記にも記してきたように、時期・地域によって多様であり、一概に同じ文化とも言い切れない。むしろ、互いに密接に関連した、諸文化の複合体と考えるべきであろう。

第5節 縄文時代中期の文化

1　縄文時代中期の関東地方

　南西関東地方の縄文時代前期以降には、各地に定住集落が営まれるようになった。前節でも見たように、青森県三内丸山遺跡は一時期100人程度の比較的大きな規模の集落として維持され続けていたことが、発掘調査から明らかになっている。三内丸山遺跡のみが縄文の暮らしを伝えているわけではない。長きにわたる縄文時代は、時期・地域でさまざまな顔を見せている。

　関東地方の縄文時代中期の縄文社会は、前葉は竹管文を多く用いる五領ヶ台式土器文化、中葉は立体的な文様装飾で有名な勝坂式土器文化、後葉はやや簡略化した縄文と沈線文による加曽利E式土器文化が広がっており、おおよそ同一の文化が展開していたと考えられる。前半段階の五領ヶ台式から勝坂式期にかけては、

西関東地方は山梨県や長野県との共通性が大きく，東関東地方には八辺式・阿玉台式土器文化という貝塚など海洋資源に多くを依拠する文化が栄えたのに対し，中期後葉の加曽利Ｅ式期には，山梨県側は縄文を用いず沈線文のみを多用する曽利式土器，北関東地方以北は立体的な突起などを残す大木式土器が展開し，南関東地域は加曽利Ｅ式土器文化が発達しもっとも遺跡数が増すなど人口も増加する。中期を通して南関東のなかでも南西関東地方（おおよそ神奈川・東京・埼玉県の範囲）はかなり似た土器や住居の形が用いられていることが多く同一の地域文化と捉えられるが，詳しく調査していくと，さらに細かな地域ごとの違いが見てとれる場合がある。同じように楕円区画の口縁部文様と柱状区画の胴部文様で構成される加曽利Ｅ式土器を作る文化でも，千葉県など東関東では大規模な貝塚を作り，東京都にあたる武蔵野台地では連弧文というちょっと変わった文様を持つ土器が流行するのに対し，神奈川県の相模原台地には縄文を使用する曽利式土器というような折衷的な土器（曽利縄文系土器）が発達する。すなわち，細かな好みや生活の仕方は，小地域ごとに異なっている部分が見られるのである。このような事例は縄文時代に「部族」に対応するような地域文化における，一定の領域を占有し，その中に複数の集団が定着しているような社会集団の存在を示しているのである。

2　目黒区大橋遺跡の縄文中期のムラ

　ここでは，縄文時代中期の生活を具体的に明らかにしてくれる遺跡として，東京都目黒区大橋遺跡を取り上げたい。これは，私が1992（平成4）-1998（平成10）年まで官舎建替に伴う緊急発掘調

①東京都目黒区大橋遺跡は、都心部に残っていた縄文中期のムラの跡であった。中央を南北に流れている目黒川の屈曲する部分（現在、首都高速大橋ジャンクションがあるところ）の左岸（右の▼）台地上に大橋遺跡がある。周辺にも縄文時代中期集落遺跡が多く存在する。目黒川対岸の台地上（左の▼）には、東山遺跡が残されている。

②大橋遺跡航空撮影：白い基礎は鉄筋アパート群の跡で、その建て替えのために大橋遺跡の調査がおこなわれた。手前は東邦大学大橋病院、左は警視庁第三機動隊、右後方は都立駒場高校グラウンド。

第3章 ｜ 遺跡に探る縄文時代の暮らし

査（大橋遺跡2次調査）をおこない，報告書を刊行した遺跡である。
　大橋遺跡は，目黒川流域の舌状台地上約12000平方メートルが調査され，中期に属す遺構として93基の住居跡・竪穴状遺構と，多数の集石・屋外埋甕・墓壙が検出された。集落全体の約75パーセントの住居跡を調査したと推定する。調査区の南は，東邦大学病院によって若干削られているものの，概ね崖線に近く，集石が存在するが，これ以上の住居の広がりはない。北東側は，現駒場高校グラウンドに用いられている支谷が存在し，高校テニスコート改装に伴う試掘では，北側では早期条痕文土器が出土したが，大橋集落に近い側では遺物の出土は見られない。谷を挟んだ北東台地上，駒場川と目黒川の分岐点を望む氷川神社付近では，『目黒区史』地名表に加曽利E式土器出土の記載がある。近年，氷川神社裏で弥生時代の集落が緊急発掘された。大橋集落の東側には，小さい埋没谷が存在するが，上部削平を受けるものの，斜面部等を観察しても，台地東側には遺構・遺物の広がりは薄い。集落西側には，現在は警視庁第三機動隊宿舎が存在し，近年の東京都埋蔵文化財センターによる緊急発掘（3次調査）でも縄文時代中期加曽利E式土器の住居5基程度が認められ，西に20メートルほどの集落の広がりが確認された。南東部には北へ向けて谷が入っており，西側は，目黒区による第三機動隊・交通機動隊内の試掘や，世田谷区による池尻住宅試掘においても，遺跡の存在は確認されていない。集落の北は，2次調査の北側で目黒区教育委員会による大橋遺跡1次調査により5基の住居が検出されている地点が境であり，さらに北は現東京都立芸術高校，駒場高校があり，駒場野台地に続く。土器塚遺跡などが存在するとされ，北側には弥生時代集落も発掘で確認されている。

③ラジコンヘリに測量用のカメラを載せ，航空測量をおこなう。前日の雪が遺跡に残っている。

④大橋遺跡の調査風景。ベルトコンベヤーで掘った土を排土置き場へ運んでいる。

⑤大橋遺跡の調査風景。手前に竪穴住居が確認されつつあり，土器がたくさん出土してきている。光波測定器（トータルステーション）で遺物の位置を記録している。

⑥大橋遺跡の調査。竪穴住居を掘り進めている。住居の上部からは，多くの土器片や石器，河原などから持ち込んだ礫などが出土する。竹串を刺し，番号を書いた荷札をつける。

⑦大橋遺跡の調査。四角いコンクリートは，1955（昭和30）年ごろ建設の公務員住宅の基礎。その間に約5000年前の縄文時代中期のムラの跡が残されていた。

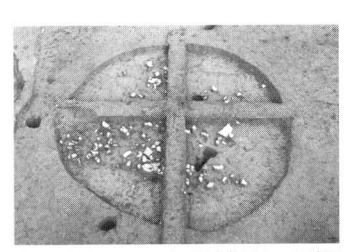

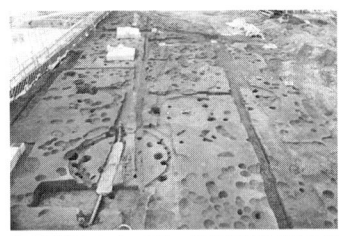

⑧大橋遺跡のイエの跡。竪穴住居跡が重なり合っている。何度も建て直した跡である。

⑨大橋遺跡のイエの跡。竪穴住居という地面を掘り窪めて床面を作るイエの跡であるが，イエを廃絶した跡の窪地をゴミ捨て場に使っていた。そのため，土器や壊れた石器などの腐らない道具がまとまって残されている。おそらくは生ゴミのようなものも一緒に捨てられていたのだろう。

⑩埋甕。竪穴住居の入口部分には，土器が埋められている例が多く見られた。これを埋甕と呼ぶ。多くの場合は，土器の下半部は打ち壊し，土器の上半部のみにして据えている。写真は，据え方を見るために半分大きく断ち割り，横から見えるようにした状態。土器を据える穴は，ほとんど土器が埋まるぎりぎりの大きさである。

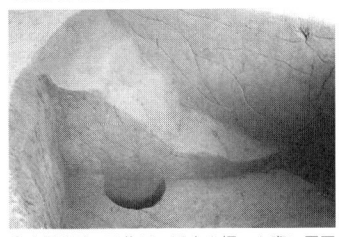

⑪大橋遺跡6号住居。大橋ムラの中で最も古い時期である加曽利E2式期に建てられたこの住居は，最後に廃屋のような姿でうち捨てられていたことがわかった。

⑫大橋遺跡6号住居。竪穴を掘った際に周囲に周堤として積んであった土手を，住居廃絶時に周りから埋め立ててあったが，その埋め土の部分に柱がそのまま立っていた痕跡が見つかった。通常は，廃絶住居の上屋は片づけられていることが多いのに対し，この住居ではイエの主柱が立った状態で埋め立てられており，あばら屋のような状態で放置されていたと考えられる。

第3章　｜　遺跡に探る縄文時代の暮らし　　095

大橋住居 43 号住居の調査状況

住居の炉の調査状況を連続写真で再現しよう。

⑬床面上で、石に囲われた炉や埋甕の上端部分が検出される。

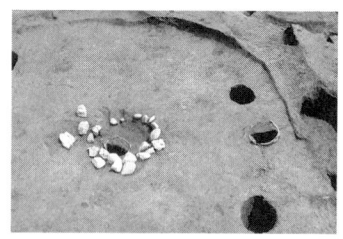

⑭炉を少し掘り下げると中に土器が埋まっていた。炉体土器及び埋甕の中を半分だけ掘り下げ、様子を見る。

⑮炉と埋甕を掘り上げ、住居に設置したときの状況にする。すなわち、住居として完成した際の床面の状況である。

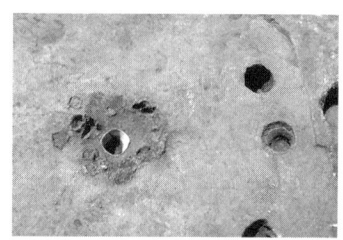

⑯炉の石を取り除き、埋甕の土器を取り上げる。

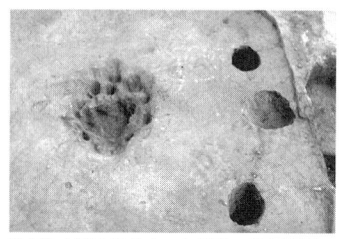

⑰炉体土器も取り去った状態。43 号住居の掘方である。

（①-⑰：撮影は酒井直樹、提供：目黒区教育委員会）

出土する縄文土器は、武蔵野・多摩地域の縄文時代中期土器編年である「新地平編年」11c期〜13期の土器で特に12b期を中心とし、90パーセント以上は12期（加曽利E3式期）に当たる、比較的短期間のやや大規模な集落である。出土土器の編年的位置づけのほか、遺構の重なり合いや、割れて捨てられていた土器の接合順序などを合わせ見ることで、遺構の出現順序をフェイズ1-10の遺構群として捉えている。このなかでは、多数の重複住居例があり、新旧関係がある複数の遺構について、主に出土炭化材によって炭素14年代測定を多数行っている。そのことで、同時期にどの程度の住居を営んでいたかなど、集落の実態の一端が明らかになった調査であった。

3　立川市向郷遺跡の調査から

　大橋遺跡に続いて、縄文時代中期集落の代表的な遺跡をもう一つ紹介しよう。

　立川市向郷(むかいごう)遺跡は、武蔵野台地のハケと呼ばれる河岸段丘上に存在する、縄文時代中期の大集落として知られている。住宅街の中にあり、遺跡は全体が一度に調査されたわけではなく、これまでに道路拡幅・工場の改築や宅地開発などで開発されるたびに現在までに二十数次にわたる比較的狭い範囲の発掘調査が重ねられ、100軒以上に及ぶ縄文時代中期の竪穴住居がこれまでに調査されている。2002（平成14）年には渋江芳浩(しぶえよしひろ)さんが緊急発掘調査をすることになり、私も調査に参加した。

　私が調査した地区は、集落の外れの埋没谷を望む部分で、調査区も狭い範囲であったが、廃棄場や土坑が発見され、多くの遺物

が出土した。特に打製石斧の大量出土が注目され、数百本に及ぶ打製石斧が、破損品や未製品も含め、廃棄場に集中的に埋没していた。これらは、土掘り具と考えられ、多摩川などで手に入れることができる閃緑岩(せんりょく)や安山岩製で粗雑なつくりで多量につくられており、消耗品であったと考えられる。竪穴住居をつくるなどにも用いたと考えられるが、それよりも日常的な植物採取、例えば芋掘りなどに使われたのではないだろうか。戦前に神奈川県相模原市勝坂遺跡を発掘調査した大山史前学研究所の大山柏(おおやまかしわ)は、打製石斧を土掘り具と見なし、焼畑など原初的な農耕に用いられたのではないかと指摘した。向郷遺跡では、この調査以外でも竪穴住居覆土などでも多量に出土しているが、多摩・武蔵野地域の中期集落ではほかにも多くの同様な事例が知られている。これらの遺跡における打製石斧の大量消費は、植物性食料の利用について示唆していると考える。

　立川市向郷遺跡20次調査では、勝坂2式土器が集中的に出土した中で、勝坂2式の完形・半完形土器2個体が出土した1号土坑の2個体の土器付着炭化物・共伴炭化物及び周辺の勝坂2式土器に伴う複数試料の炭素14年代を測定した。2個体の土器のうち、1個体は横方向に区画される文様帯を特徴とする勝坂2式の前半期の土器であり、もう1個体はパネル状はめ込み文と呼ばれる縦方向の区画を特徴とする勝坂2式後半の土器であった。その二つの土器や一緒に出土した炭の年代測定結果から較正年代の最もよく重なる年代である紀元前3330-3210年の一時点に勝坂2式期が含まれること、勝坂2式の古い段階に比される1号土坑の埋没が紀元前3330年に近い年代であることを示した。このことから、ある人が死んだときにお墓の中に新旧二つの土器を副葬品と

①向郷遺跡20次調査。方形の試掘トレンチを開けている。

②出てきた遺物を光波測定器で位置を記録していく。

③調査区を広く取り、掘り下げていくと最上面には、近世の畑の畝が出てきた。

④土坑墓。完形に復元可能な土器2個体が埋置されていた。

⑤落とし穴の半裁状態。土の埋没状態を観察するため、半分残して掘る。

⑥落とし穴の完掘状態。

第3章 | 遺跡に探る縄文時代の暮らし　　099

⑦黒い土の部分は縄文の包含層である。

⑧縄文時代の包含層を調査し、赤土（関東ローム層）まで掘り下げる。

⑨最後に旧石器時代の遺物がないか、赤土（関東ローム層）を掘り下げる。

⑩石鏃（せきぞく）。立川市向郷遺跡出土。黒曜石（こくようせき）製、弓矢の矢尻である。

⑪打製石斧（だせいせきふ）。立川市向郷遺跡出土。安山岩・ホルンフェルス製など。柄につけて土掘り具とする。下にあるのはスケール。

（⑩・⑪：立川市教育委員会提供）

して埋設したことが考えられる。すなわち、文様のうえで新旧がある土器が同時に使われていた、可能性としてはやや古いスタイルの土器と最新式の土器とがともにつくられていた可能性を示唆している。想像をたくましくいえば、お墓の主である人が死んだときに、もっていた土器の中で一番古い土器と一番新しい土器とを選んで埋設したのかもしれない。それはともかく、土器の使われ方について興味深い例を示してくれている。

炭素14年代測定研究では、向郷遺跡20次調査1号土坑での藤内2式期の一括出土土器及び共伴炭化物での年代測定のほかにも、神奈川県川尻遺跡群川尻中村遺跡・原東遺跡での藤内式期及び加曽利E1式期の住居の年代測定、東京都多摩ニュータウンNo.520遺跡での加曽利E1式期と連弧文式期の住居の年代測定、神奈川県油壺遺跡敷石住居での加曽利E4式期の年代など、集落における年代測定を、多く重ねてきた。SFC遺跡、大橋遺跡の年代測定も、それぞれ勝坂3式期と加曽利E3式期の年代比定の重要な指標となっている。

こういった住居ごとに押さえられる年代と、さらに個別の測定も数多くおこなっている。個別の測定とは、まさに日本全域にわたって、数点・時には1点の土器付着炭化物を測定し、蓄積してきた。すなわち関東地方を中心としたある程度まとまりのある集落での事例と、各地での個別の測定結果を重ねることにより、より合理的な炭素14年代測定とその較正年代による、縄文時代の実年での再構成が可能となる。

以上のように、中央大学が位置している多摩丘陵や武蔵野台地、さらには第2章で紹介した相模原市の大日野原遺跡なども含め、南西関東地方には多くの縄文時代中期の集落遺跡が密集して

いる。こうした集落遺跡の発掘調査や研究によって，縄文時代の生活の内容が明らかになっていくものと期待できる。

第4章 中央大学の考古学

中央大学では，考古学は専攻としては独立しておらず，歴史も浅いため特に盛んとはいえないが，古くより行われてきており，現在では各地で活躍する考古学者も輩出している。文学部の中でも日本史学専攻に属するため，考古学だけの方法論にとらわれず，文献史との関係も強く，複眼的に歴史を見ることができる。また，考古学研究会はサークル活動として30年以上の長い歴史をもち，多くの調査成果も残している。その成果は，「白門考古」として何冊も刊行されてきている。このように中央大学の考古学は，他大学にない強みをもち，今後も発展していくことが期待できる。私も，中央大学に縁を得て教員の一人となった以上，中央に考古学ありと呼ばれるように，考古学の研究をしっかりと進めていきたいと考えている。過去，現在の中央大学における考古学研究活動を紹介する。

第1節　中央大学の考古学者たち

　中央大学の考古学研究・教育は，講座としての歴史は新しいが，講座ができる前から日本史研究の一環として考古学研究・教育が行われ，第一線で活躍する研究者も多い。

　中央大学の考古学の先達は，何といっても稲生典太郎先生である。稲生先生は，1959（昭和34）年に中央大学文学部に着任されてから日本近代外交史を教えておられたが，若いころは考古学研究に携わり，中央大学教授として中央大学考古学研究会の会長を退任まで務められた。稲生先生については，後に紹介する大村

裕先生が「山内縄紋学」を中心に考古学の研究史をまとめる中で，日本考古学の著名な研究者である山内清男博士との交流を中心に，稲生先生の考古学的な業績を紹介している。大村先生の研究によれば，1930 年代初頭から稲生先生は山内先生の指導を受けて北方考古学にいち早く編年的手法を導入し，山内清男縄紋土器編年研究の古典的名著である『日本遠古之文化』（1939 年）において，その成果が高く評価されている。先生の業績は，古稀を迎えた 1986 年に編まれた『中央史学』9 号，中央大学『文学部紀要（史学）』31 号の年譜・著作目録などにも明らかである。それらを参照しながら，稲生先生の考古学研究の足跡をたどってみたい。

　稲生先生は 1915（大正 4）年，東京芝のお生まれで，1938 年に國學院大學を卒業されたが，その卒業論文は「日本北方文化史序説」で，樺太・北海道の現地調査を重ねた研究であった。その後，江上波夫先生の内蒙古資料の整理を手伝われ，1939 年から江上先生の内蒙古オロンスム古城址調査に参加されている。この間，北方考古学に関する研究を進め，1936 年國學院大學の学術誌である『上代文化』14 号に「オホーツク式土器に伴う二三の問題」，1937 年には山内清男博士の主宰である『先史考古学』第 1 巻第 3 号に「樺太栄浜町歓喜寺裏遺蹟の石斧」，1938 年には史前学研究所を設けていた大山柏公爵主宰の『史前学雑誌』第 10 巻第 1 号に「北海道オホーツク海沿岸出土石器の一部に就て」，1939 年には『人類学雑誌』第 50 巻第 12 号に「オホーツク式土器研究の展開」を上梓している。その後，蒙疆学院助教，国立北京大学医学院日語講師などを経て戦後引き揚げて外務省に勤め，日本外交史を専門とされたのであるが，先に挙げた北方考古学の

業績は，北東アジアから北海道道東部・樺太におよぶ地域に古代から中世はじめごろにかけて居住していた北方漁撈民の文化であるオホーツク文化研究の基礎となっている研究であり，「縄紋学の父」といわれている山内清男博士とも親交が厚く，その本質は土器研究・石器研究としてよく現れているのである。戦後，軸足を日本外交史に移してからも，1970年から神奈川県海老名市富士ゼロックス内遺跡の調査指導委員を務めたり，1975年『信濃』第27巻第10号に國學院大學考古学の創設者の一人である大場磐夫博士を指す「大場先生のことども」，1976年『江上波夫教授古稀記念論集』に「仿製鏡の擬銘帯と擬文字─新山古墳出土の方格規矩四神鏡をめぐって─」，1982年『ちゅうおう』第16号に山内清男博士を指す「『日本遠古之文化』とその著者」など，多くの考古学に関する論文を著している。そして1997年には岩田書院より『北方文化の考古土俗学』を上梓しているのである。現在，私は稲生先生から3代を経て中央大学考古学研究会会長の職を承っているが，重責を担っている身として，こうした先生の論文を拝読するたびに，先生の考古学に関する愛惜の深さには驚くほどであり，その存在は考古学界にとって大きなものであったと感じる。先生が2003年に亡くなった際には，中央大学に関係した考古学研究者が集まり，『白門考古論叢　稲生典太郎先生追悼考古学論集』（中央考古会・中央考古学研究会，2004年）が刊行されているのである。

　稲生先生とは別に，私が中央大学に関わる前から，縄文時代中期研究の中でいってみれば紙面でその研究業績に触れ，大きな刺激を受けた中央大関係の考古学者に，中央大学杉並高校で物理の教師をなさっていた石川和明先生がおられる。石川先生は考古学

を生業となさらず,三鷹高校考古学部や八王子市などを中心に在野の考古学者が集まって現在も活動を続けている多摩考古学研究会などに所属し,いわば日曜考古学者として活躍された方だが,特に現在私が住んでいる武蔵野台地の一角である調布市深大寺周辺などで,多くの縄文時代の先駆的な発掘調査をおこなっている。その中でも,東町遺跡など深大寺周辺遺跡では,昭和40年代にきわめて先進的な発掘方法を取り入れ,竪穴住居の埋没状況に注意を払い竪穴覆土中への土器の包含状態を図示するような断面図を作成する調査報告を残している。これは,私が,現在も自分で発掘をする際に目標としているような調査方法である。そうした研究成果は,例えば1968年の『多摩考古』9号「調布市深大寺東原遺跡調査報告」などの論文に見ることができる。

この調布市深大寺周辺は多摩川の支流で縄文・旧石器の遺跡が多く,考古学のメッカである野川の中流に当たるが,中世城郭の深大寺城が史跡整備され公園となっているところに植物園があり,湿地帯がつくられ豊富なわき水が現在も残る地域である。その湧水点を中心に縄文時代中期中ごろの集落が密集して存在していたようである。三鷹市・武蔵野市にまたがる井の頭池周辺も同じような縄文・旧石器時代遺跡の密集地である。現在も多くの人が住むため,宅地開発に伴う発掘調査がときどきおこなわれている。私の友人である黒尾和久さん(現,国立ハンセン病資料館学芸課長)も調布市原山遺跡を調査し,中期集落の実態を探る貴重な成果を上げている。付近を散策するたびに,このあたりは中期のムラだった,ここで石川先生が調査をしたのだな,などと思い,自分も調査したかったなと空想している。

中央大学には考古学を専門とするゼミは,中世考古学の大家で

ある前川要先生(2007年3月まで中央大学教授)が着任するまで置かれなかったのであるが、以上のように、また下記に紹介するように、多くの考古学研究者が活躍していたのは、中央大学全体に共通した自由活発な学問的雰囲気が大きく寄与していたものと考える。

　直接、私がお世話になっている先輩方も多数おられる。

　池上悟先生は、現在立正大学教授であり、横穴古墳研究の第一人者として著名である。中央大学でも非常勤で講義を多くもっていただいている。近年では、中世の五輪塔など石塔の集成研究をおこなったりして、歴史考古学にも造詣を深めている。また、合田芳正先生は、稲生先生が委員を務めていらっしゃった神奈川県海老名市富士ゼロックス内遺跡群の主任調査員の務めを果たし、中央大学や青山学院で考古学の兼任講師を長く務めておられた。その後、現在の考古学界では調査の多くを占めつつある民間調査会社の古株として著名な株式会社共和開発で調査部の責任者として発掘調査の第一線で活躍されており、古代鍵(錠前)研究の第一人者である。新たな調査や特に年代測定研究の対象となるような調査出土例があると呼んでくださり、私の研究にもずいぶんと協力していただいた。大村裕先生は、先年千葉県の高校教員を退職されたが、千葉県佐倉市に研究所を構えて下総考古学研究会を主催されており、縄文時代中期土器研究の第一人者である。月に一度、大村先生を中心に千葉県の大内千年さん、文化庁の建石徹さん、神奈川県立博物館の千葉毅さんら秀才が集まるが、私もときおり参加させていただき、関東地方の勝坂式、阿玉台式、曽利式、大木式土器の分布や地域的な特徴を資料集成しながら検討し議論している。以上の先生方には、現在も多くの教えを受けてい

る。

　また，私は学生のころから他にも中央大学の人たちに大変お世話になってきたのである。

　例えば，福井県埋蔵文化財センターの工藤俊樹さんは，私が高校生から大学1年にかけての学生のころ，当時の神奈川県教育委員会の白石浩之先生（現, 愛知学院大学教授）のもとで神奈川県横浜市細田遺跡（県立汲沢高校建設に伴う調査，私が中学生のときから畑に落ちている縄文土器片の表採に通っていた遺跡である）の発掘調査とその整理作業に参加していたとき，特に土器の整理作業，例えば実測や拓本の取り方，図版の作り方などを，先輩として教えていただいた。

　神奈川県大和市教育委員会の村澤正弘さんは，大和市相模野149遺跡など多くの遺跡調査に関わり，神奈川県縄文時代草創期土器研究の第一人者で，私がSFC遺跡で隆線文土器に関わって以来，草創期研究の際にはずいぶんとお教えいただいた。現在，東京都埋蔵文化財センターの調査員を務めている丹野雅人さんは，多摩ニュータウン内 No.72遺跡など縄文時代中期の集落遺跡の発掘調査を多く手がけ，私の研究材料をたくさん提供してくれた。

　石川県小松市教育委員会の望月精司さんや，もと石川県出雲市教育委員会の米田美江子さんとは，学生時代に何度も一緒に発掘をした。このお二人とは，大学1年の夏に参加した神奈川県埋蔵文化財センターによる神奈川県綾瀬市早川天神森遺跡の縄文時代中期集落・旧石器時代の発掘を，岡本孝之先生（現, 慶應義塾大学SFC研究所）・鈴木次郎先生（もと神奈川県教育委員会）の指導のもと，ともにおこなった人たちで，いわば同じ釜の飯を食べた仲で

ある。このときの発掘には，私と同じ慶應義塾大学で学んだ桜井準也さん（現,尚美学園大学教授），出居博さん（現,栃木県佐野市教育委員会）や，立正大学学生だった諏訪間順さん（現,小田原市教育委員会）らもおり，今から見れば錚々たる人たちが集まっている現場だった。

早川天神森遺跡で一緒に発掘した望月精司さんは，同学年ということもあり，アパートへ泊まりに行くなど仲良くつきあってきた。望月さんは古代の土器の研究をしており，現在では北陸地方の古代土器研究の中心となっていて，窯跡研究会の中心メンバーである。また，2010年春に新たにできた小松市埋蔵文化財センターの所長として活躍されている。その夏に私が金沢市で講演をおこなった後に小松市埋蔵文化財センターに寄ったところ，運良くお会いできた。ちょうど夏休みの始まった日曜日だったのだが，親子向けの体験学習会として，縄文食の試食や勾玉づくりなどを，縄文人の格好をして多くの子供たちを相手に楽しそうにおこなっていたのが印象的であった。

現在大学の博士課程に在籍または最近卒業した若手の研究者にも，各地ですでに活躍している研究者がたくさんいる。井出靖夫（目黒区教育委員会文化財係非常勤職員），中澤寛将（目黒区歴史資料館非常勤学芸員），関根章義（浜松市教育委員会文化財課非常勤職員），山口欧志（独立行政法人日本文化研究センター特別研究員），永田悠記（テクノシステム株式会社）の各氏（すべて2010年度現在）などである。今後も活躍していってくれることを期待しているし，さらにこれからも大学院生・学部生の諸君が続いていってくれることだろう。

第2節　中央大学の考古学の新しい波
　——年代測定研究の成果の利用

　私は，日本考古学，特に縄文時代の土器，集落研究と，旧石器，縄文から弥生，古墳時代の炭素14年代測定を基にした年代論を研究している。また，近世・近代考古学についても研究しており，主に文献史によって語られてきた日本史を，物質文化の面から再構成することを目指している。発掘調査など考古学研究に，年代測定や産地推定など自然科学分析を含めた学際的な研究姿勢を深めていくことが目標である。

　研究の中心分野である日本考古学においても，以下のテーマの研究を主に進めている。

　一つは，縄文時代の実年代把握である。日本考古学が伝統的に蓄積してきた土器編年研究を精緻化するとともに，炭素14年代測定による実年代推定を重ね，年代観を確立したい。また，実時間での土器編年の検証と文化変化に関わる時間の長短を検討していきたい。

　二つ目に，縄文時代の始まりの歴史的評価について，年代，環境変化との関係，文化変化について議論を進めている。その内容については，一つは西日本の縄文時代草創期遺跡の代表的な遺跡の一つである愛媛県上黒岩岩陰遺跡の遺物整理作業での成果を基に，日本各地の土器出現・普及期の遺跡に関する年代測定研究での編年的整理をおこなった。そのうえで地域ごとの様相の比較検討を重ね，土器，石鏃，石偶・土偶等の文化要素の出現順序と，洞窟・岩陰居住や台地上の平地住居など居住施設の変化を考察

し，氷河期から温暖期への環境変動との関連も含めて，いかに時代区分を考えるべきか，日本列島と東アジアとの関連について検討を進めている。世界最古の地域の一つである日本列島における土器出現の要因もさらに追究したい。

三つ目に年代測定研究を通して，弥生時代と古墳時代の実年代及び時代区分について考察している。日本列島の先史時代における時代区分，さらには実年代で見た場合の東アジアでの文化史的併行関係について検討することで，新たな歴史観を得ることができる。例えば，弥生時代の始まりは，半島や大陸との関係が深く，古墳時代の始まりは日本古代国家の形成に関わる問題であるが，実年代の確定が急務である。

最後に，現時点で最も関心をもって研究しているのは，先史集落の実像把握というテーマである。縄文時代中期の環状集落に対し，遺構間遺物接合や重複等住居構築順序から集落内の活動痕跡を時間的に順序立てて復元し，同時存在住居群を推定したが，依然として縄文社会の実像は不明である。長く議論の対象となってきた縄文集落の定住性や規模の把握について具体化するため，重複住居や火災住居での炭素14年代測定を進め，年代測定研究による実時間での竪穴住居や集落の居住期間・継続期間の推定をおこなうことで，縄文社会の実態に迫っていきたい。

こうした研究について，中央大学での考古学研究を通じて深めていくのが当面の目標である。以下にそれぞれのテーマについて見ておくことで，中央考古学の将来への展望としたい。

1 縄文時代の年代測定研究

　近年，AMS（加速器質量分析計）を用いた炭素14年代（^{14}C年代）による高精度編年の手法が，ハード・ソフト両面から技術的に著しい進展を遂げ，考古学に新たな局面をもたらしている。私は，主に日本列島における縄文時代の土器付着物や住居などでともに出土した炭化材などを2000点以上測定することにより，縄文・弥生時代の土器編年を実年代で推定し，年代的体系化を図った（図1）。縄文時代の土器は，多くの型式編年研究によって，世界的にも類を見ないほどの精緻な相対順序が判明しているが，炭素14年代測定の結果は，そうした土器型式編年と矛盾しない。日本の細かい土器編年が相当な正確さをもって並べられていることを証明している。それとともに，朝日下層式や大木10式新段階の位置づけのように関東と東北との土器編年上の並行関係など，地域間の横の関係についてはこれまでの土器研究でも異説のある部分などがあり，年代値によって検討していくべき余地もあることがわかった。

　単に測定技術が進歩したということだけではなく，年輪年代との比較により，より正確な年代を推定できるようになったことや，型式的検討の確かな土器の付着物を測定するなど多くの試料を考古学的意味と関連づけながら測定することで，これまでわからなかった考古学的課題にも迫っていくことが可能である。

　土器の変化や土器が出土する遺跡の消長などを調べるには，炭素14年代研究は新しい手がかりを与えてくれる。土器型式の変化するスピードは，おおよそ1世代ぐらいと推定していたが，縄文土器の細別型式ごとの測定結果では，型式変化に20-80年の差

図1 | 東日本縄文時代の暦年較正年代（関東・中部・北陸・東北地方）

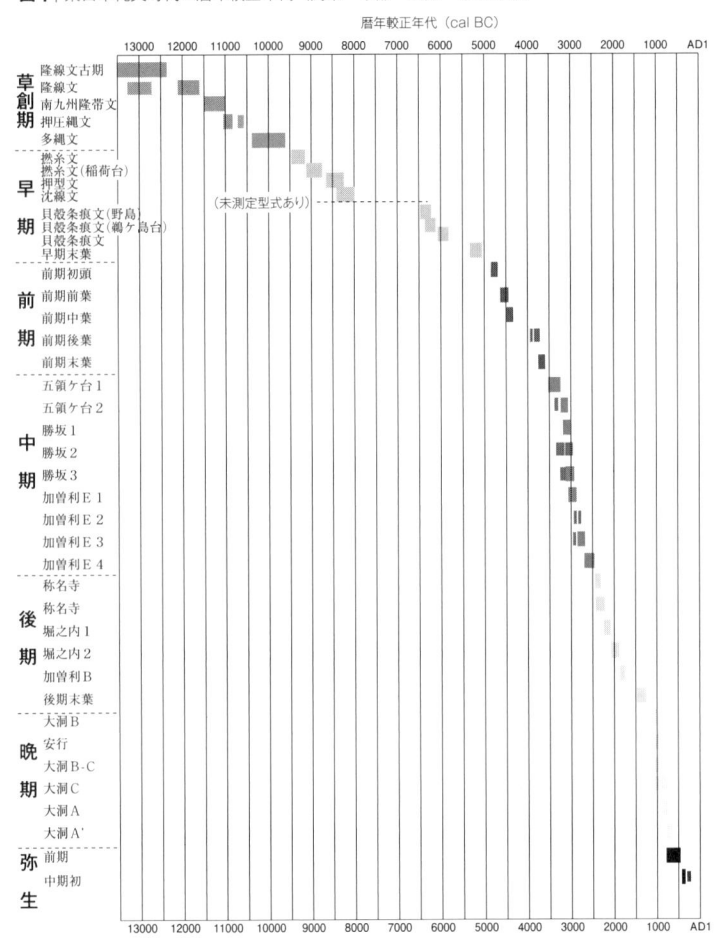

があることも推定されるに至っており，時期・地域によって，土器の変化のスピードに差があることが明らかになった。

私は、遠部慎らとともに土器型式ごとに炭素14年代測定を重ねてきたが、年代については土器型式の編年と、少なくとも順序のうえで矛盾する例はない。縄文時代の精緻な土器型式編年に対してこそ炭素14年代測定は重要な意義をもつともいえる。図1に縄文時代の年代についての年代推定を示す。縦軸が土器型式編年で上が古く、下が新しい。横軸は、較正年代で紀元前何年で表記してあり、左が古く、右が新しい。早期中葉から後葉ごろに測定試料が見つかっていない沈線文土器などの土器型式がいくつかあり、間が空いてしまっているが、将来的には埋まっていくだろう。縄文時代全体の年代が埋まれば、画期的な成果になると考えている。

　年代測定の結果から推定できる関東地方の土器型式ごとの年代は、以下のように整理できる。ここでは、較正年代によって、1950年から何年前（cal BP）で記す（炭素14年代測定法を発見したリビーにより1950年が起点とされている）。

草創期：15800-11600年前 cal BP
　　隆線文……………………………………15000-13200年前 cal BP
　　押圧縄文…………………………………13000-12300年前 cal BP
　　多縄文・無文……………………………12000-11600年前 cal BP
早期：11500-7000年前
　　撚糸文系…………………………………11500-10500年前 cal BP
　　（稲荷台式）……………………………11090-10690年前 cal BP
　　無文・沈線文系…………………………10450-8500年前 cal BP
　　条痕文系…………………………………8500-7000年前 cal BP

前期：7000-5470 年前 cal BP
　　花積下層式……………………………… 不明（7000-6700 年前ごろ）
　　関山式…………………………………… 不明（6700-6450 年前ごろ）
　　黒浜式………………………………………… 6450-6050 年前 cal BP
　　諸磯 a 式……………………………………… 6050-5950 年前 cal BP
　　諸磯 b 式……………………………………… 5950-5750 年前 cal BP
　　諸磯 c 式……………………………………… 5750-5600 年前 cal BP
　　十三菩提式（じゅうさんぼだい）……………………………………… 5600-5470 年前 cal BP

中期：5470-4420 年前 calBP
　　五領ヶ台1式…………………………………… 5470-5440 年前 cal BP
　　五領ヶ台2式…………………………………… 5440-5380 年前 cal BP
　　勝坂1a式（狢沢式）………………………… 5380-5320 年前 cal BP
　　勝坂1b式（新道式）………………………… 5320-5280 年前 cal BP
　　勝坂2a式（藤内1式）……………………… 5280-5220 年前 cal BP
　　勝坂2b式（藤内2式）……………………… 5220-5080 年前 cal BP
　　勝坂3a式（井戸尻1式）…………………… 5080-5000 年前 cal BP
　　勝坂3b式（井戸尻3式）…………………… 5000-4900 年前 cal BP
　　加曽利E1式（曽利Ⅰ～Ⅱ式古）…………… 4900-4810 年前 cal BP
　　加曽利E2式古（曽利Ⅱ新～Ⅲ式）………… 4810-4750 年前 cal BP
　　加曽利E2式新（曽利Ⅲ式・連弧文）……… 4750-4710 年前 cal BP
　　加曽利E3式（曽利Ⅳ式）…………………… 4710-4520 年前 cal BP
　　加曽利E4式（曽利Ⅴ式）…………………… 4520-4420 年前 cal BP

後期：4420-3220 年前 calBP
　　称名寺式期（しょうみょうじ）…………………………………… 4420-4240 年前 cal BP
　　堀之内1式（ほりのうち）……………………………………… 4240-3980 年前 cal BP
　　堀之内2式……………………………………… 3980-3820 年前 cal BP

加曽利B1式……………………………………3820-3680年前 cal BP

加曽利B2式……………………………………3680-3530年前 cal BP

加曽利B3式……………………………………3530-3470年前 cal BP

曽谷式……………………………………………3470-3400年前 cal BP

後期安行式……………………………………3400-3220年前 cal BP

晩期……………… 東北地方の型式で表示，3220-2350年前 calBP

大洞B1式………………………………………3220-3120年前 cal BP

大洞B2式………………………………………3120-3050年前 cal BP

大洞B-C式……………………………………3050-2950年前 cal BP

大洞C1式………………………………………2950-2850年前 cal BP

大洞C2式………………………………………2850-2730年前 cal BP

大洞A式…………………………………………2730-2450年前 cal BP

大洞A'式………………………………………2450-2350年前 cal BP

　年代測定を重ねた結果，縄文時代中期の細別土器型式の継続期間が推定できるようになってきた。その結果，年代測定を行う前は，土器を区分した細別土器型式はほぼ同一の時間幅であろう，と予想していた。つまり，だいたい同じぐらい，おそらくは土器の作り手の1世代の間は同一の土器型式が続くが，次の世代にはやや土器の形・模様が変わり，新しい土器型式になるのだろうと考えていた。しかし年代測定を行ったうえで，細別時期ごとの実年代を推定すると，一律の長さに区分されるものではないことがわかった。勝坂2式から3式や加曽利E3式は，明らかに長い時期となり，細別時期でも70-90年間は存続している時期と推定される。これらの時期は，遺跡数も多く土器も多い時期である。これに対し，五領ヶ台式期や勝坂1式期などは，20年程度の時間

幅で土器が変化しているとしか考えられない。これらの時期は，遺跡数は少なく，特に集落は少ない時期で，遺跡における出土土器量も多くはない時期なのである。このように，実年代を推定していく過程で，土器型式の実態も明らかになりつつある。

2　土器の始まり・縄文文化の始まりの年代

　年代測定研究の成果の一つに縄文時代の始まりの年代がある。近年の炭素14年代測定研究によって日本列島における土器の成立が15500年前よりも古いころまでさかのぼることが確実になった（図2）。土器付着物の炭素14年代測定により，青森県大平山元Ⅰ遺跡の無文土器は15800年前の可能性がある最古の無文土器で，確実な測定例としては世界最古の土器の出現の一つであることがわかった。東京都武蔵野市御殿山遺跡の隆線文土器古段階の試料は15000年前にはさかのぼり，その後に列島全体に隆線文土器が普及するのである。

　単に土器の発生について日本が世界最古だというような表層的な事柄を示しているのみなのではない。土器の成立が氷河期にさかのぼることが確実となったため，動植物相の変化によって新たな生活様式が発生し縄文時代となったという過去の説明は不可となった。日本及び東アジアの土器文化の始まりは，世界的に見ても特異な人類史の変化を示しているといえる。農耕と関わりなく土器だけが発生した，逆にいえば農耕はなくとも高度な技術的蓄積を果たすことが可能だったという，極東地域の潜在的な豊かさまたは人類発展段階の多様性を示している。これまでのヨーロッパ中心史観とでもいうべき旧石器→新石器時代，すなわち農耕と

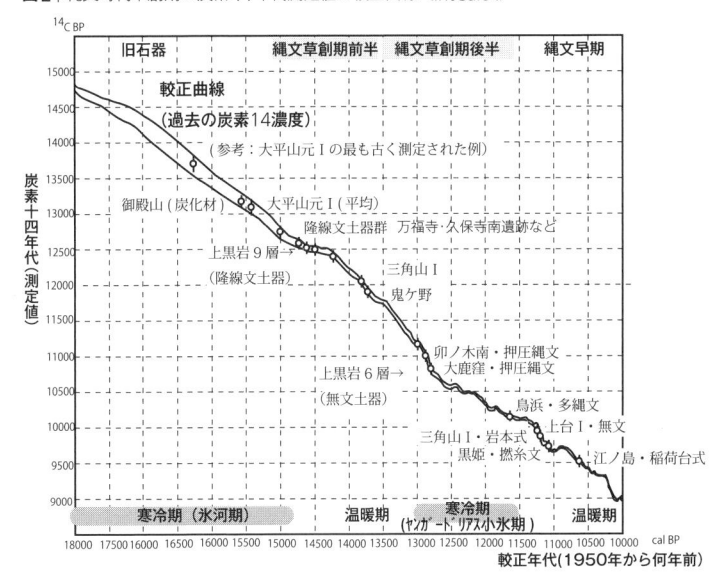

図2 | 縄文時代草創期の炭素14年代測定値と較正曲線（IntCal04）

牧畜の発生によって人類は土器や定着生活など文明の恩恵を浴するに至り文明を発展させたのだという考えは，見直しを迫られている。

日本が最古かどうかはともかく，東アジア地域が最古の土器の発生地帯であり，かつ氷河期にさかのぼる時期の発明であることは確実だ。最初は無文だった土器が，隆線文土器として装飾化すると，広域にスタイルを共有しつつも，地域ごとに異なったタイプを発達させ，後の縄文文化の土器地域文化圏を完成させるのである。

日本列島に暮らす人々の歴史として考えると，土器の出現は，人類の火の発明に次ぐ大きな文化的転換であったと考える。土器

文化を基盤とした縄文時代は，非常に大きな意義をもっているのだ。

さらに縄文文化の始まりの年代として考えると，第1に土器の出現は重要な鍵を握っているが，それに触発されるようにして変化してきた日本列島の中での生活の変化や，明らかにそうした変化に大きな影響を与えている自然環境の変化とも絡めて考えなくてはならない。15000年前ごろに氷河期はいったん終わり急激に温暖化するが，13000年前ごろに再び寒冷化（ヤンガードリヤス小氷期と呼ばれる）し，11500年前ごろに完全に氷河期が終わると，今よりも2度ほど気温が暖かい，縄文海進期と呼ばれる時期になる。国立歴史民俗博物館の工藤雄一郎（くどうゆういちろう）助教がのべるように，自然環境と文化変化の関係を適切に整理するには，さまざまな変化について実年代で把握していく必要がある。

縄文時代の始まりの鍵は，「土器の出現・普及」「弓矢の出現・普及」「定住生活の発達（住居の定型化）」「精神活動の成熟（石偶・土偶や装飾品の出現・普及）」である。それ以前の氷河期との関係（動植物相の変化やそれに対する対応も含めた生態環境への対応）や道具の変化（植物採取や加工具としての石斧，石皿・磨石の増加），さらにそれらを用いていた縄文人はどこから来たのか（縄文時代人と旧石器時代人との関係）といった問題に広がる。

縄文時代の始まりを何年前とするかは，時代区分という面から旧石器時代と縄文時代の画期を何に求めるかによって違ってくる。すなわち縄文時代を縄文文化の存在する時代とするならば，何をもって縄文文化と呼ぶかということになる。

最も一般的な意見は日本列島における「土器」の出現をもって縄文時代とする説で，小林達雄（國學院大學名誉教授）が代表的な

主張をしている。現在のところ青森県大平山元Ⅰ遺跡の無文土器が初現であるから，16000年前から15000年前のいずれかの年代ということになる。

　二つ目は，私の主張している説である。土器が列島全体に普及し，結果的に弓矢，竪穴住居，石偶が相次いで出現する隆線文土器期を縄文時代の始まりとする説で，15000年前ごろから縄文時代とする。言い換えれば初現の土器は縄文土器ではなく，旧石器時代晩期の土器と捉える考えである。

　さらに三つ目は，貝塚の出現や，比較的大きな集落の出現する縄文時代早期撚糸文・押型文土器期からを縄文時代とし，縄文時代草創期は移行期とする意見で，谷口康浩（國學院大學）が提起している。この場合は11500年前となり，結果的に氷河期が完全に終わった後ということになる。

　土器の出現と変遷，細石刃から尖頭器，有茎尖頭器，さらに石鏃へ，また石皿や石斧，石匙形を含めた石器の変化の様相，竪穴住居などの居住施設の変化，石偶・土偶や装身具などその他の精神文化遺物の変遷や出現年代については，考古学的調査の進展と年代測定研究の蓄積によって次第に明らかになりつつあり，その順番については概ね一致した見解が得られつつある。

　しかし，人類史として，東アジアの中での地域間比較や自然環境の変化との対比，さらに土器の発明という人類史上の大事件の契機を明らかにしていく中で，何をもって縄文時代の始まりとするか，そもそも縄文文化とは何なのかをさらに深く議論していく必要があると考えている。

3 弥生水田・箸墓古墳の年代

　マスコミをもにぎわせた論争として、弥生時代の開始年代がさかのぼった問題がある。私も中央大学の前に所属していた国立歴史民俗博物館を中心とした研究グループ（今村峯雄、春成秀爾、西本豊弘、藤尾慎一郎、坂本稔）によって2003（平成15）年5月に発表された「弥生時代500年遡行説」は、弥生時代早期（北九州に初めて水田がつくられた時期）の土器付着物の炭素14年代測定によって導かれたものであり、現在も考古学界に大きな議論を呼んでいる。私を含め研究グループは、北九州地方の最古の水田遺構に併行する時期の土器や、その以前の縄文時代晩期土器、後に続く弥生時代前期・中期の土器付着物・共伴試料多数を測定してきた。

　弥生の鉄の問題や青銅器の問題も見直しが迫られ、日本全体への弥生文化の広がりについても見直しが必要となった。弥生時代は大陸からの人・生業手段・文化の移入を受け、大きく変化した時代であるが、以前にいわれていたように200年ほどで九州・四国・本州全域に一気に弥生化が進んだのではないことが明らかになった。

　水稲技術を伴う弥生文化は、紀元前930年ごろに北部九州に伝わった。瀬戸内海沿岸には、九州に遅れること150年ほどの前8世紀ごろ、岡山県岡山市あたりで水田がつくられるようになり、近畿地方には兵庫県神戸市本山遺跡で前7世紀前半、大阪府若江北遺跡・水走遺跡で前7世紀後半ごろに弥生土器が見られ、水田が営まれた可能性がある。奈良県の唐古・鍵遺跡は前6世紀後半に出現したが、近畿地方では、弥生土器とともに縄文系の突帯文土器が共伴している。これまで考古学的に、弥生文化と縄文文化

は交代したのか,共存していたのかが議論されてきた。近畿地方の弥生時代前期の遺跡の年代測定を重ねてきた結果,弥生前期土器と,縄文系の長原式土器は,各地で少しずつ年代がずれながらも近畿地方全体としては100年ほどの期間共存していた。大阪湾周辺では前6世紀に長原系土器は姿を消すが,奈良盆地や琵琶湖沿岸では前5世紀まで残っていた可能性がある。縄文系の人々の伝統を受け継ぐ人々と西からきた弥生文化の担い手とが,ともに暮らし協力しあって稲作を進めたのであろう。

　さらに東北地方の砂沢遺跡には,前400年ごろに水田がつくられ,弥生文化が本州島全域へ広がった。一方,関東地方には,神奈川県大井町中屋敷遺跡において前400年ごろに東海系の土器とともに多量のコメが貯蔵されているのが発掘されたが,水田ではなく陸耕の可能性があり,水田の波及は本州で最も遅く,前200年ごろに神奈川県小田原市中里遺跡で水田がつくられるようになった。北海道・沖縄を除く列島各地に水田稲作が伝わるのに,北九州から最後の関東まで700年かかったことになる。日本文化の基盤となる水田農耕文化について,新たな視点である(図3)。

　縄文と弥生の文化はどのような関係にあったのだろうか。水田が伝わったころの近畿地方には,縄文土器の要素を残す長原式と呼ばれる突帯文系の土器と,弥生的な特徴の強い遠賀川系の土器とが共存し,在地の縄文系と渡来系の系譜を引く弥生系の人たちが共存していたと考えられる。また,東日本にはコメ自体は伝わっても水田をつくることはせず,文化的には縄文晩期文化からの生活を守っていた。縄文人たちはコメを知りながらも水田稲作はすぐには受容せず,長い時間をかけ融合していったといえる。すなわち,縄文文化と弥生文化は700年もの間,比較的平和に共存

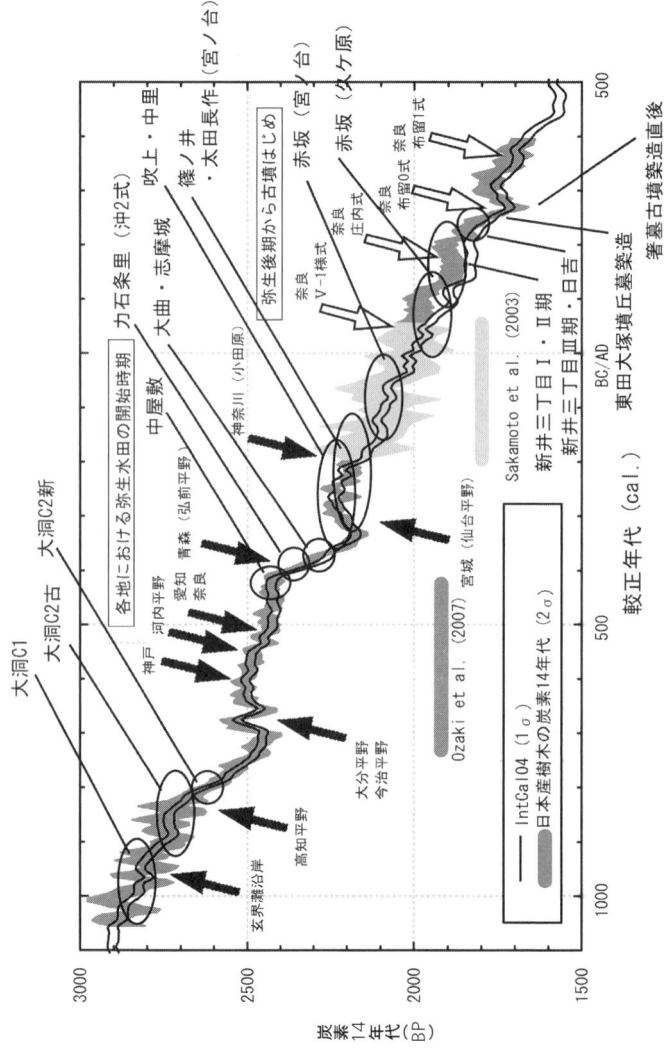

図3 日本産樹木年輪の炭素14と日本列島各地の弥生水田稲作の拡散

(注)較正曲線の黒線はIntCal04（1σ）、灰色の帯は日本産樹木の炭素14年代（2σ）、測定値の矢印はおよその炭素14年代値を示す。
小林謙一・比田井克仁（2009）「関東地方弥生後期の年代研究」中央大学文学部紀要（史学）54号に追加。

していたというのが，縄文時代の最後（弥生時代の始まりのころ）の状況なのであろう。

　言い換えると，北部九州に水田稲作が伝わったころに東北地方に栄えていた縄文晩期大洞式土器文化（亀ヶ岡文化）と，西日本の弥生文化との関係，すなわち当時の東西関係を考えなくてはならない。

　近年，設楽博己（東京大学），小林青樹（國學院大學栃木短期大学）の研究によって，東西の交流を示す多くの文物の存在がわかってきた。九州・四国・近畿，遠くは奄美諸島にまで，東北地方から亀ヶ岡式土器が持ち込まれていたのである。例えば，高知県居徳遺跡出土の朱漆塗土器は宮城県山王囲遺跡のものにそっくりで，直接持ち込まれたのではないかと考えられる。一方，東北地方北部や仙台平野には，西日本から持ち込まれた遠賀川式土器や，弥生土器をまねた遠賀川系土器が出土し，大陸系石器と称される木器制作に用いる柱状片刃石斧が八戸市荒谷遺跡で出土している。

　直接の文物の搬入だけではなく，文様スタイルや技術の交流，工人の移動などが考えられる例として，東日本に縄文時代以来培われていた高度な漆塗技術による飾り弓などが北部九州で出土した例や，遠賀川系土器などへの大洞系土器文様の影響の存在などが挙げられる。同様に，大阪府山賀遺跡で出土した弥生中期の垂飾木製品には，東北地方北部の大洞Ａ式土器に特有な工字文が配される例がある。

　東西日本の関係を整理していくと，北部九州地方に水田をはじめとした大陸系の文化が伝わり弥生文化が始まった前10世紀ごろ，東北地方では縄文晩期亀ヶ岡文化が最盛期を迎えており，当初より西日本の弥生文化圏と東北地方縄文文化圏との間で盛んな

交流があったことがわかる。縄文時代後期には少なくとも西日本にはコメ自体は伝わっており、コメを食べる文化は培われていたと考えられるので、水田が伝わった後も、コメを交易で手に入れることで自ら水田をつくることはしなかったのであろう。年間スケジュールや水利施設などの設営に関わる労働の集約など、より複雑な社会組織へ変化せざるを得ない水田稲作の導入は、すでに高度な生活様式を誇っていた東北地方縄文晩期文化からは拒否されたということかもしれない。

2009年には古墳時代の始まりを追求するために、奈良県桜井市にある箸墓古墳周辺の濠出土試料に対してまとまった年代測定をおこなった。

古墳時代の始まりは前方後円墳の出現に求められている。奈良県桜井市の箸墓古墳は定型的な最初期の前方後円墳と評価されている。したがって、箸墓古墳の年代を検討することによって、古墳時代の開始期を検討することができるだろう。

箸墓古墳及びそれ以前の奈良盆地南部の纒向型墳丘墓や弥生環濠集落の試料などを時期順に測定し、日本産樹木年輪の炭素14年代と比較することで、暦年代（西暦紀元で記載）を推定した（図4）。なぜなら、弥生年代に関する論争の際に、較正年代計算用の樹木年輪が、欧米の樹木年輪のシリーズでつくられていることから、日本列島の実年代を地域の違う樹木年輪で計算してよいのかという疑問が、考古学者から出されたからである。

基本的には、大気の循環により地球上での地域的な差異はほとんどないことが確認されているが、わずかな地域差（ローカルエフェクト）があることは知られている。日本でも箱根芦ノ湖から発見された埋没樹木の年輪に対する炭素14年代測定がなされてお

り，紀元後80年ごろから200年ごろまでは数十年程度わずかに古くなることが知られている。そのため，日本産樹木年輪での炭素14年代測定を進め，日本列島により適した較正曲線をつくろうという計画がおこなわれつつある。

桜井市内（比較対象として田原本町の唐古・鍵遺跡や大阪府の河内の弥生～古墳前期の集落遺跡の試料も測定している）の当該期の測定例を蓄積し検討した結果，弥生時代後期終わりの庄内式土器期は2世紀，石塚墳丘墓構築は200年ごろ，東田大塚墳丘墓構築は2世紀前半，箸墓古墳築造直後は240-260年ごろのいずれか，布留1式期は270年以降と推定した（図4）。弥生から古墳時代年代の年代

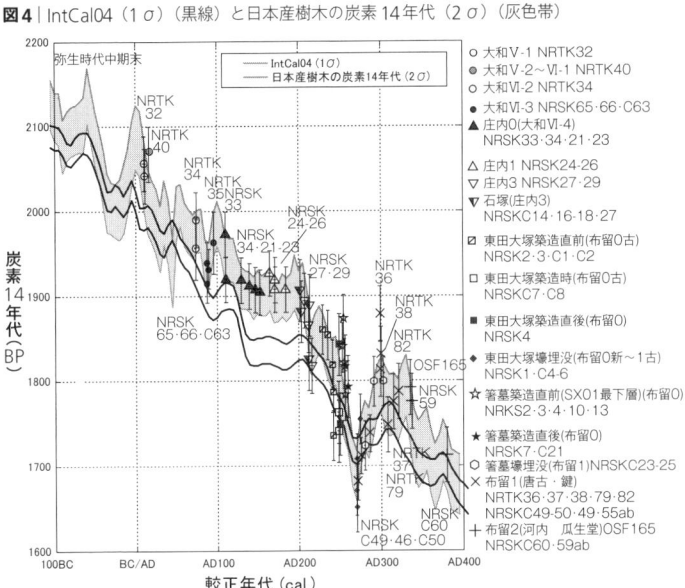

図4 | IntCal04（1σ）（黒線）と日本産樹木の炭素14年代（2σ）（灰色帯）

（注）日本産樹木のデータは尾嵜大真ほか（2008）『日本文化財科学会第25回大会要旨』を用いている。

研究に新しい視点を示したといえる。今後とも，各地における前方後円墳の成立や，前方後方墳などについて，濠出土の木材などばかりでなく，木製の棺材について，年輪数が多く残される材を選び，ウイグルマッチによって高精度の年代を探っていく必要がある。さらに石室内出土の漆製品や，植物遺体など一括性の高いサンプルを測定していく必要がある。

　弥生時代や古墳時代の始まりの年代研究は，当分の間議論が続くであろう。しかしながら，新しい科学の眼を導入することで，新しい歴史の眼が開かれつつあるということには，ほとんどの考古学者が同意している。

　前述したように，欧米の樹木の年輪でつくられたINTCALで日本列島の較正年代が正確に求められるかという疑問が提示されたことがある。日本産樹木の測定でもほとんどの年代においては，誤差がないことが確認されている。

　しかしながら，紀元80年ごろから200年代においては，日本の樹木年輪では，炭素14年代がシステマティックに古い方に30年ほどシフトすることが確認されていた。そうした点についても名古屋大学年代総合研究センターや山形大学，国立歴史民俗博物館により検討が進められている。屋久杉や長野県の埋没林などの日本産樹木年輪による炭素14年代測定が進んでおり，さらに今後は，縄文時代の中の時期区分，弥生後期から古墳時代，さらに新しい時代についても改めて較正年代での検討がおこなわれていくことになるだろう。

4　縄文のムラの年代幅

　現在，私が最も力を入れているのは縄文時代の集落の実像を，年代測定を重ねることで明らかにする研究である。東日本の縄文中期を代表するといわれる環状集落だが，100-300軒の住居が残されているものの，一時期に何軒の住居で構成されていたのか，集落が間断なく連続していたのかたびたび中断していたのかなど，研究者によって意見が大きく異なり，同一の集落遺跡をもって一時期100軒という意見と一時期2軒という意見まで存在する場合があるほどである。住居の耐久年数や住居の作り替えの間隔が不明なためであり，竪穴の構築から埋没までの各試料や，作り替えられている住居から出土する多数の試料を年代測定することで集落の実態を明らかにしたいというのが，研究目的である。そのためには，発掘調査の段階から，確実に住居の各段階に伴う試料を検出して測定していく必要がある。

　その一つの例として，第3章でも紹介した大橋遺跡の縄文時代中期集落での竪穴住居の居住期間に関する測定研究が挙げられる。大橋の中期集落の中でも，9回以上の改築・重複が数えられる（大橋遺跡の分析では9フェイズと算定した）住居群について，最も古い段階の17号住居床面の出土炭化材から最も新しい91号住居火災面の測定結果までの推定年代の差から，これらの住居群の時間幅を約120-140年間と推定すると，住居の構築・改築の時間的単位である1フェイズは平均13年程度と仮定できることが指摘できた（図5）。一つの住居の寿命が10-15年という数値が長いか短いかはこれからの研究にかかっているが，これまで縄文時代の住居では，どのくらいの耐久年数があるのか，またはどのくらい

図5 | 大橋遺跡の重複する竪穴住居の炭素14年代測定

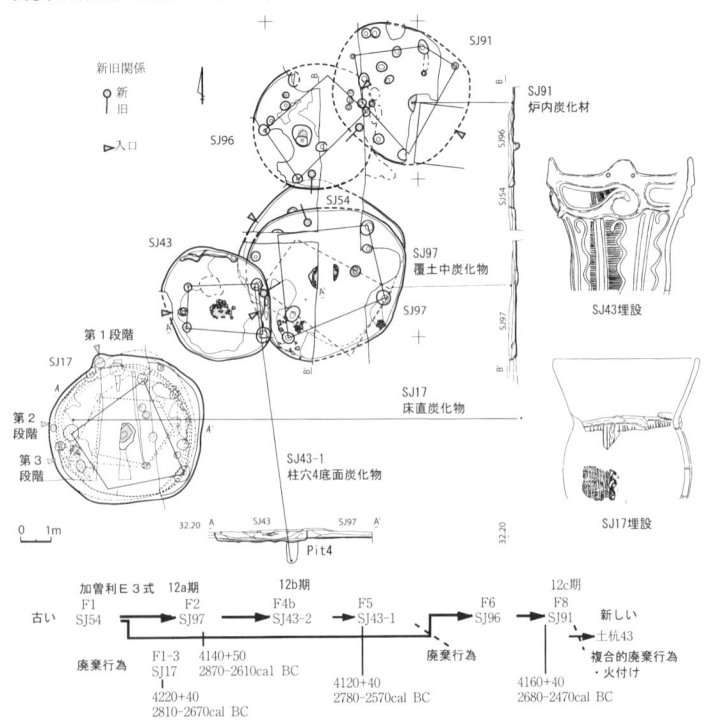

の期間で建て替えていたのかがわからなかったが、それに対する答えの一つを提示することができたのである。

第2章で紹介したように、現在私は、学術振興会の科学研究費補助金や中央大学特定研究費を用いて、2008年より神奈川県相模原市大日野原遺跡の重複する縄文時代中期竪穴住居群の発掘調査をおこない、発掘調査中から詳細な出土状況の記録とともに年代測定用試料を採取している。そして住居群(その構築・改築・廃

棄などの局面ごとに年代を測定）の出土試料の年代測定により，実時間での集落の動態を復元する研究をおこなっている。現在，坂本稔や村本周三，大網真良らと研究を進めている段階であるが，2006-2007年度に調査した福島県井出上ノ原遺跡の複式炉住居では，1軒の住居で40試料以上の年代を測定した結果，250-300年の長期にわたる埋没が判明した。一方，山梨県梅ノ木遺跡の曽利Ⅳ式期の住居では短期間での埋没が推定できた例もあるし，埼玉県水子貝塚の住居内貝層の堆積の測定では短期の堆積で埋没した住居と数十年とかなり長期にわたる埋没が推定される住居が指摘できた。このような炭素14年代測定の蓄積により，多様な縄文集落の実像に迫ることができるだろう。

　以上のように年代測定研究を進めることは，単に年代を求めるだけではなく，考古学に新しい視点を導入することにつながっている。中央大学の考古学は，まさに新しい考古学の最前線に位置しているといってよいであろう。

おわりに

　発掘調査をしていると，道行く人が見にくることがある。そのようなとき，一昔前（20年ぐらい前）は「小判でも出ましたか？」と聞かれることが多かった。特に緊急調査の場合など，付近に発掘調査中との看板を立て，場合によってはマンション建設のように，周知の看板を立てたりするから，遺跡の調査をしているということはわかってもらいやすかったようだ。しかしながら発掘調査をしていること自体はわかっているが，何が出てくるかというような縄文時代や弥生時代の遺跡の具体的なイメージはつかみにくかったのだろうと思う。最近は，同様に発掘調査していると，「どのような遺跡ですか」というように，聞かれることが多くなった。考古学の発掘はマスコミでもよく報道されるし，発掘調査をするたびに周辺住民に向けた現地説明会を行うなど，普及活動によって，考古学研究がより身近になってきたのだと思う。特に若い世代では，学校教育の場で総合学習などの時間を含め，遺跡の発掘や史跡公園の見学に行ったり埋蔵文化財センターなどでの体験学習で学んだりするなど，さらに身近になっていると思う。大変喜ばしいことである。

　しかし，喜んでばかりもいられない。もう一つ，今世紀に入ってからいわれるようになったこととして，「本当の遺跡ですか？」という訊き方をする人もいるからだ。いうまでもなく，2000年の前期旧石器遺跡ねつ造事件の影響である。

　このねつ造事件とは，東北地方を中心に，民間考古学者だったF氏（発覚時は民間団体である東北旧石器文化研究所副理事長）が自分で埋め込んだ石器を掘り出して，現在もその存否が議論されている

4万年以上前の前期旧石器時代に属する遺跡をねつ造し，日本列島に数十万年前から原人が渡ってきたというように歴史のねつ造にまで展開した事件である。発見される遺跡の年代が徐々に50万年前にまでさかのぼり，日本の前期旧石器時代（すなわち日本列島に原人が存在したこと）が高らかに書かれた学術書が刊行され，教科書にもそのことが記載された。発見される石器が前期旧石器としては加工が細かすぎる形態で原人にはつくれないのではないか，発見される層位がおかしいのではないかなど，疑問も提示されていたが，実際に発掘で発見されているという，発見優先主義から批判的意見は封印されていた。噂から特別班をつくって取材していた毎日新聞のスクープにより，早朝に遺跡で石器を埋めている写真が報道されたのは2000年の11月であった。その後，F氏が関わった遺跡はほぼすべてが自作自演であったことが判明し，日本の前期旧石器時代の遺跡が存在するかどうかの研究（言い換えると日本列島に現生人類以前の原人は渡来していたかどうか）はご破算となった。

その後の日本考古学協会特別委員会の調査によると，1984（昭和59）年ごろにはF氏によるねつ造が始まり，初めて日本に前期旧石器時代が存在したと証明された座散乱木遺跡・馬場壇A遺跡からF氏によるねつ造であったことがほぼ確実とされている。この間十数年にわたって，考古学界は不正を見抜けなかったわけで，一時は教科書にも前期旧石器時代が記載され，それが間違いであったことがわかるなど，大きな混乱を招いた責任は大きい。F氏の一人による不正行為であったとされているが，直接手を下したのはF氏一人でありそのF氏が学問的には正規の考古学教育を受けていない民間考古学者（愛好家）であったとしても，一緒

に調査してきた考古学者は複数のかなり学界に影響力のある，経験も豊富な信頼に足る考古学研究者であったにもかかわらず，だまされていた，結果的には一緒に学界及び社会をだましたという結果になったことは認めざるを得ない。ひいては，考古学研究自体に不信の目が向けられるのも仕方ないところがあったということになる。

　もちろん，前期旧石器と違い，後期旧石器時代は戦後数十年からの研究の歴史があり，日本列島全域で多くの明確な石器（ナイフ型石器や尖頭器など）が1万箇所を軽く超える遺跡から出土しており，ねつ造ということは（その中の一部に誤認や掘り間違え，不正が含まれている可能性は存在しても）全体的にはない。まして，縄文時代以降は，石器だけでなく土器といった明確に人為的な制作物があり，かつ地面を掘り込んだ遺構が存在することから，ほとんどねつ造自体が不可能である。この場合も，一部の小さな穴や遺構を無意識に間違えて掘る，意識的にねつ造することは可能であるが，1，2箇所のねつ造で最大年間1万件に及ぶ大多数の他の遺跡での出土例を覆すことはできない。

　思い返せば，前期旧石器ねつ造事件は，学問に関わる者が不正を犯すはずがないという楽観的な性善説に立っていたに過ぎない。もっとも，前期旧石器ねつ造事件以前から，洞窟遺跡において近代に子どもが描いたいたずらの線刻を壁画と見誤った事件や，後期旧石器時代の層位から縄文時代になって出現する遺物が発見された事件など，故意または間違いによる，広義のねつ造に発展しかねないことは起きていた。しかし，多くはすぐに誤認の可能性が取りざたされ，何よりその後の類似遺跡の調査で検証されることで，事実は発掘によって明らかになるとの前提は揺らぎ

おわりに　　135

のないことだった。F氏による事件のように、長期にわたり学界のかなりの部分が賛同して定説になりかけた例として、海外でのピルトダウン事件などと並び、特筆される事件となってしまった。

ねつ造事件で長く不正が発覚しなかったことの理由として、学問的権威者がお墨付きを与えたことにより、疑問をもつ研究者の発言が無視されたという「権威主義的傾向」や、学術的議論以前にマスコミ発表が優先したこと、年代測定や脂肪酸分析など自然科学的方法の結果のみをご都合主義的に利用したなど、反省すべき多くの要因も存在していた。こうした点は、若い世代を中心とした活躍により、徐々に改善されつつあるが、「理論より発見」は、一面の真実を含んでいるともいえる。

現在、考古学研究では、前期旧石器ねつ造事件での反省を踏まえ、発掘時には映像記録など、きちんとした記録と研究者相互の確認を徹底すること、学術的な十分な議論を踏まえてからマスコミに発表すること、自然科学的な分析手段を多面的におこなうことなど、意識的・無意識的なねつ造を防ぐよう調査に万全を期す努力が求められている。学界の内部努力のみならず、関連学術領域からの意見や、市民の目は、必要不可欠なものだと思う。同時に、災いを転じて新たな学問的モラルを再構築し、より科学的で学際的な、かつ市民にさらに開かれた考古学研究をつくっていかなくてはならない。

ねつ造はもちろんあってはならないが、逆にいえば人間が行うことであるから、間違いは存在する。いや間違いがあるからこそ、逆に真実に近づけるのではないか。一度つくられた定説はなかなか覆されない。しかし、いかに多くの定説が結果的に修正さ

れてきたか。その見直しの端緒は，もちろんたゆまない研究者の努力によることが大きいが，偶然の産物での発見や，間違った仮説からの検証過程での見直しによる意外な発見も存在するのである。

　前期旧石器ねつ造事件は，民間考古学者が直接の当事者であるが，民間考古学者によって進んできたのが日本の考古学である。日本で初めて旧石器時代を実証したのは，行商をしながら独学で群馬県岩宿遺跡を発見した相沢忠洋さんであることに代表されるように，在野研究者が果たす役割が大きい。それゆえの未成熟な部分，例えば数年前までは，資格がなく正規のトレーニングを積まなくとも発掘することができることなどが欠点として露呈したのが，前期旧石器ねつ造事件であるともいえる。

　ともに調査し研究活動をしていた考古学研究者が見抜けなかったという点で，遺物を埋め込んだF氏のみにねつ造の責任を帰すことはできないが，首謀者のF氏が正規の考古学教育を受けていないアマチュア考古学者であったという点は深い意味を有している。事件が生まれた契機として，正規に教育を受けた考古学研究者と少なくとも同等の位置に在野の研究者の発見や研究も等しく学会に寄与する，例えば遺跡保存運動などでも市民の運動によって果たされた例が多いことなど，大学教員など一部の研究者のみに限られた学閥で考古学研究が進められているのではなく開かれた学問の世界を構築してきたという自由な学的体質が，逆向きに作用したためと見ることもできる。

　広く一般に開かれた学問として，考古学は市民とともに地域の遺跡を調査研究していくことによって，私たち自身の歴史を考える材料を提供していかなくてはならない。

発掘をするときには，掘り間違えを恐れてはいけない。掘り間違えたときにどこをどのように間違えたかを後ほど検証できるように，正確に記録していくことが必要である。調査は，現代に生きる我々が現代における必要性から記録を取る行為なのであるが，同時にそれは将来の人たちに使ってもらえる記録を残すことである。なるべく客観的な記録が必要であるが，人間が行うことである以上，文字通りの客観性は望めず，何らかの主観というか，現時点での認識での記録となってしまう。

　逆に，同時代の我々には，問題意識を共有したうえでのデータも必要だが，それだけが必要で今使い切れない情報を捨ててしまってよいことにはならない。そうした意味からも，なるべく遺跡は一部でも保存されることが望ましいし，遺跡から引き出した情報もなるべく原情報や，未加工の情報も取っておかなければならない。報告書に載った土器だけが保管されていればいいのでは絶対にない。

　また，今そのデータを生かし切れないからと，出土位置の3次元データが必要でないというのは間違っている。発掘によって遺跡が二度ともとに戻らないことは避けられないが，調査で得た資料・情報を後世に残す努力は当然ながら必要である。文化財は，簡単に仕分けされるべきものではないし，文化財を生かすことで，より豊かな社会を創造することは可能なのではないだろうか。三内丸山遺跡や吉野ヶ里遺跡は成功例であるが，そこまでいかなくても遺跡または出土遺物が地域社会に還元されることで，豊かな成果を上げている事例はたくさんあると思う。

　みなさんの身近にも，多くの遺跡があり，遺跡公園となっていたり，現在は消滅していても博物館に資料が展示されている例が

多数あるだろう。こうした遺産は，今後の工夫次第でさらに大きな歴史資産として後世に残していくことができるだろう。

　改めて，歴史を学ぶものとしての責任を自覚するとともに，歴史研究のおもしろさ，歴史の不思議さを糧に，考古学を目指す若い諸君と研鑽していく機会をもちたいと望んでいる。

小 林 謙 一

参考文献

- 今村啓爾『縄文の実像を求めて』吉川弘文館（歴史文化ライブラリー76），1999年。
- 今村啓爾『縄文の豊かさと限界』山川出版社（日本史リブレット2），2002年。
- 今村峯雄「第3章 考古学における^{14}C年代測定 高精度化と信頼に関する諸問題」，馬淵久夫・富永健編『考古学と化学をむすぶ』東京大学出版会（UP選書），2000年。
- 小林謙一・桜井準也・岡本孝之ほか『慶應義塾湘南藤沢キャンパス内遺跡』第3巻，縄文時代II部，慶應義塾，1992年。
- 小林謙一・大野尚子ほか『大橋遺跡』目黒区大橋遺跡調査会，1998年。
- 小林謙一ほか『立川市埋蔵文化財調査報告12 向郷遺跡Ⅵ』立川市教育委員会，2002年。
- 小林謙一『縄紋社会研究の新視点―炭素14年代測定の利用―（2008年新装増補版）』六一書房，2004年。
- 小林謙一編『縄文研究の新地平―勝坂から曽利へ―』六一書房，2007年。
- 小林謙一「縄紋時代前半期の実年代」，『国立歴史民俗博物館研究報告（137）』国立歴史民俗博物館，2007年。
- 小林謙一・国立歴史民俗博物館編『縄文時代のはじまり―愛媛県上黒岩遺跡の研究成果―（第58回歴博フォーラム）』国立歴史民俗博物館，2008年。
- 小林謙一編『縄文研究の新地平（続）―竪穴住居・集落のリサーチデザイン―』六一書房，2008年。
- 小林謙一『遺跡を学ぶ 縄紋文化のはじまり―上黒岩岩陰遺跡』新泉社，2010年。
- 小林謙一・工藤雄一郎・国立歴史民俗博物館編『縄文はいつから!?―地球環境の変動と縄文文化』新泉社，2011年。
- 小林達雄『縄文土器の研究』小学館，1994年。
- 小山修三『縄文時代 コンピュータ考古学による復元』中央公論新社（中公新書），1984年。
- 設楽博己編『歴史研究の最前線 揺らぐ考古学の常識―前・中期旧石器捏造問題と弥生開始年代―』吉川弘文館，2004年。

・長友恒人編『考古学のための年代測定学入門』古今書院，1999年。
・西本豊弘編『新弥生時代のはじまり（第1巻～第4巻）』雄山閣，2006-2009年。
・春成秀爾・今村峯雄編『弥生時代の実年代』学生社，2004年。

中央大学「125ライブラリー」 刊行のことば

1885年に英吉利(イギリス)法律学校として創設された中央大学は2010年に創立125周年を迎えました。これを記念して，中央大学から社会に発信する記念事業の一環として，「125ライブラリー」を刊行することとなりました。

中央大学の建学の精神は「実地応用の素を養う」という「実学」にあります。「実学」とは，社会のおかしいことは"おかしい"と感じる感性を持ち，そのような社会の課題に対して応える叡智を涵養(かんよう)するということだと理解しております。

「125ライブラリー」は，こうした建学の精神のもとに，中央大学の教職員や卒業生などが主な書き手となって，広く一般の方々に読んでいただける本を順次刊行していくことを目的としています。

21世紀の社会では，地球環境の破壊，社会的格差の拡大，平和や人権の問題，異文化の相互理解と推進など，多くの課題がますます複雑なものになっています。こうした課題に応える叡智を養うために「125ライブラリー」が役立つことを願っています。

中央大学学長　永井和之

小林謙一（こばやし　けんいち）

中央大学文学部准教授（日本史学専攻）。1960年横浜市生まれ。
慶應義塾大学卒業，総合研究大学院大学博士課程修了，
博士（文学）。慶應義塾大学SFC遺跡調査室，
目黒区大橋遺跡調査会，金沢大学埋蔵文化財調査センター，
国立歴史民俗博物館考古研究部と考古学畑を渡り鳥して
中央大学へ。
"考古学で生きていきたい，そのためなら金・女・名誉は望まない"と高校生のときに天に誓い，「…おおむね無事果たせそう」。
著書：『縄紋文化のはじまり　上黒岩岩陰遺跡』（新泉社），
『縄紋社会研究の新視点─炭素14年代測定の利用─』，
編著：『縄文研究の新地平─勝坂から曽利へ─』，
『縄文研究の新地平（続）─竪穴住居・集落のリサーチデザイン─』（以上六一書房），『歴博フォーラム　縄文はいつから!?　地球環境の変動と縄文文化』（新泉社）など。

125ライブラリー　003

発掘で探る縄文の暮らし
中央大学の考古学

2011年3月31日　初版第1刷発行
2011年9月30日　初版第2刷発行

著者	小林謙一
発行者	吉田亮二
編集	125ライブラリー出版編集委員会
発行所	中央大学出版部 東京都八王子市東中野742-1　〒192-0393 電話 042-674-2351　FAX 042-674-2354 http://www2.chuo-u.ac.jp/up/
装幀	松田行正
印刷・製本	藤原印刷株式会社

©Kenichi Kobayashi, 2011 Printed in Japan
ISBN978-4-8057-2702-7

本書の無断複写は，著作権上での例外を除き禁じられています。
本書を複写される場合は，その都度当発行所の許諾を得てください。